글쓰기

冊 책

글쓰기

초판 1쇄 인쇄 2020년 3월 2일
초판 1쇄 발행 2020년 3월 9일

편저자 중앙대학교 글쓰기 교재 편찬위원회
(강유진 · 김낙현 · 류찬열 · 오창은 · 임현열 · 최유숙 · 한승우)

발행처 중앙대학교 출판부
발행인 박상규

제작 인문과교양
주소 (02001) 서울시 중랑구 중랑천로 358-6
전화 02-3144-3740
팩스 031-655-3740

등록 제14-1호(등록일: 1977. 8. 31.)

ISBN 978-89-7207-930-9 (03700)

글쓰기

冊 책

중앙대학교

글쓰기 교재 편찬위원회

CAU 중앙대학교 출판부

Chung-Ang University Press

머리말

『글쓰기 册』의 구성과 활용 방법

『글쓰기 册』은 글쓰기를 과정별로 훈련함으로써, 표현 능력을 향상시키기 위해 기획되었다. 글쓰기 능력은 훈련을 통해서만 향상될 수 있다. 글쓰기의 과정을 체계적으로 이해하고, 직접 훈련함으로써 표현 능력과 의사소통 능력을 향상할 수 있다. 글쓰기 훈련은 텍스트를 정확히 이해하고, 논점을 비판적으로 파악한 후, 자신의 의도를 효과적으로 표현하고 전달하는 것을 목표로 한다.

이 책은 실습 중심으로 훈련이 이뤄지도록 구성했다. 글쓰기 능력의 향상을 원하는 이들은 이 책을 통해 체계적으로 글쓰기 훈련을 함으로써, 자기를 발견하고 독자에게 자신의 의사를 정확하고 효과적으로 전달할 수 있을 것이다.

이 책의 구성

『글쓰기 冊』은 네 개의 부와 부록으로 구성되어 있다.

1부 '소통과 창조를 위한 글쓰기'에서는 글쓰기 이론에 관한 개괄적인 설명을 했다. 모든 실제 글쓰기는 이론적 기반 위에서 체계화될 수 있다. 글쓰기는 읽기·생각하기·쓰기가 서로 연관되어 있는데, 이를 체계적으로 이해하기 위해 예문을 제시했다.

2부 '단계별 글쓰기의 과정과 방법'은 글쓰기 과정을 세분화하여 훈련하도록 구성했다. 구상하기, 표현하기, 고쳐쓰기를 나눠 훈련함으로써 단계별 글쓰기 훈련을 하도록 했다.

3부 '유형별 글쓰기 활동의 이론과 실제'는 테마별 글쓰기 연습을 하도록 했다. 자기서사 쓰기, 이력서와 자기소개서 쓰기, 칼럼 쓰기, 서평 쓰기, 문화 비평 쓰기로 나눠 이론과 실제가 결합하도록 배치했다. 글을 잘 쓰기 위해서는 각 영역별 글쓰기의 차이를 이해하고, 특성에 맞도록 글을 쓰는 능력을 향상해야 한다. 이를 위해 자신의 내면을 들여다보는 자기서사, 자기를 적극적으로 알리고 표현하는 이력서와 자기소개서 쓰기, 논리적으로 설득하는 칼럼과 독자 투고 쓰기, 그리고 비판적 세계인식을 통해 대안적 사고를 심화하는 서평 쓰기와 문화 비평 쓰기를 배치했다.

4부 '학술 논문 글쓰기'는 대학 글쓰기의 궁극적 목적에 부합하는 훈련이라고 할 수 있다. 학술 논문은 대학의 아카데미즘을 구현하는 글쓰기이다. 대학생이라면 학문적 체계에 맞게 설득적이고 논증적인 글을 쓸 수 있어야 한다. 학술 논문 글쓰기를 익히기 위해 학술 논문의 개념적 이해부터, 각주와 참고문헌 작성까지 다양한 훈련을 할 수 있도록 구성했다.

부록 '한국어 바로 쓰기'는 한국 표기의 원리와 자주 틀리는 한글 맞춤법을 유형별로 나눠 문제 풀이 형식으로 배치했다. 한글 맞춤법을 점검할 수 있는 좋은 학습 기회가 되리라고 생각한다.

각 장의 구성

이 책의 각 장은 다음의 요소를 포함하고 있다.

- 이론적 개념 설명
- 글쓰기 관련 예문
- 활동 문제
- 연습 문제

글쓰기 훈련을 위해서는 이론적 체계화를 한 후, 다양한 자료를 접하고, 이를 글쓰기에 적용하는 것이 중요하다. 이 책은 풍부한 관련 예문을 통해 이론의 실제적 이해를 꾀했다. 예문으로 제시된 읽기 자료를 분석적 태도로 읽고, 동료들과의 대화를 통해 심화된 이해에 도달하도록 했다. 글쓰기의 실제 적용을 위해 각 장마다 활동 문제를 제시했다. 활동 문제에 대한 학습은 단계별로 이뤄지는 실습이 되도록 본문 곳곳에 배치했다. 연습 문제는 각 장별로 이뤄지는 종합적 적용 문제이다. 활동 문제와 연습 문제를 통해 글쓰기 훈련이 체계적으로 이뤄질 수 있게 했다.

교수를 위한 교재 활용법

- 이 책은 1부에서 4부까지 단계별 학습이 이뤄지도록 구성됐다. 이론, 단계별 글쓰기 훈련, 주제별 글쓰기 훈련, 학술 논문 글쓰기가 유기적으로 연결돼 있으므로 순서에 따라 강의를 하는 것이 적합하다.
- 각 장은 본문의 해설, 예문, 활동 문제와 연습 문제로 이뤄져 있으므로, 교수자가 각 장의 체계를 숙지한 후 강의 콘텐츠를 구성하여 수업 모델을 만드는 것을 권장한다.

- 글쓰기에 대한 이론적 이해와 더불어 실습과 훈련을 통해 학습자들이 글쓰기에 익숙해지도록 배려할 필요가 있다.
- 학생들이 동료들과 더불어 협력 학습을 할 수 있도록, 학생 상호 간의 피드백이 원활이 이뤄지는 실습 시간을 배치할 것을 권장한다.
- 각 장에 제시된 활동 문제와 연습 문제는 교수자가 선택해 훈련을 부과할 수 있다.

학생을 위한 교재 활용법

- 글쓰기 교육은 문자적 이해가 아니라 실습을 통해 익히는 것임을 유의해야 한다. 글쓰기 능력 향상을 위해서는 자신이 직접 글을 써야 하기에 꾸준히 훈련하겠다는 마음가짐이 필요하다.
- 각 장에 제시된 예문을 이해의 차원에서가 아니라, '나라면 어떻게 썼을까'라는 적용의 차원에서 접근할 필요가 있다. 글을 쓰는 사람의 입장에서 예문에 접근하고, 능동적으로 예문의 글쓰기 기법을 익히려는 자세가 요구된다.
- 수업 시간에 이뤄지는 글쓰기 실습 이외에도 각 장에 제시되어 있는 활동 문제와 연습 문제를 자발적으로 훈련하고 활용할 필요가 있다.
- 글쓰기 훈련의 효과를 높이기 위해서는 동료들과 적극적으로 소통하고, 상호 피드백을 수행할 필요가 있다.
- 학문 정직성을 자각하고, 표절 및 인용에 유의하여 글쓰기 훈련을 하도록 한다.

2020년 3월 2일

집필자 일동

차례

2부

단계별 글쓰기의 과정과 방법

3부

유형별 글쓰기 활동의 이론과 실제

4부

학술 논문 글쓰기

부록

한국어 바로 쓰기

1부

소통과 창조를 위한 글쓰기

글쓰기란 무엇인가

학문 윤리와 글쓰기

1장

글쓰기란 무엇인가

1. 표현과 소통, 창조와 치유의 글쓰기

글쓰기는 표현과 소통, 창조를 목표로 한다. 개인은 의사소통을 통해 사회의 일원으로서 권리를 획득한다. 타인과 소통하지 않으면, 정당한 사회적 권리와 자존감을 획득할 수 없다. 인간은 사회적 존재이기에, 의사소통하면서 스스로의 정체성을 구성한다.

인간의 의사소통은 듣기, 말하기의 구술적 영역과 읽기, 쓰기의 문자적 영역을 통해 이뤄진다. 구술언어와 문자언어를 통해 타인과 소통하는 기술은, 개인주의적 특성이 강화되고 있는 현대사회에서 오히려 더 많이 요구한다. 멀티미디어 시대가 도래함으로써, 시청각을 활용한 전자매체가 점차 우위에 놓이고 있는 것이 현실이다. 그럼에도 글쓰기는 자신의 사상과 감정을 문자라는 도구를 활용해 타인에게 전달하는 행위로 중시된다.

최초로 말을 하고 글을 썼던 때를 생각해 보자. 아이는 무엇인가를 강렬히 욕구할 때, 그 욕구를 표현할 수 있어야 한다. 욕구의 대상을 획득하기 위해 음성언어를 통해 자신의 존재를 알린다. 그 과정이 반복되면, 보다 효과적인 소통의 수단을 열망하게 된다. 아이의 언어 습득 과정은 타자와의 소통을 통한 욕구의 실현 과정이다. 또한, 새로운 욕구의 발견으로 나아가는 과정이기에 창조적 행위이기도 하다. 창조적 과정을 통해, 자아는 타인과 변별되는 자아를 성취해 나간다.

이를 체계화하면 ① 자기표현으로서의 글쓰기, ② 의사소통으로서의 글쓰기, ③ 창조의 도구로서의 글쓰기 ④ 치유로서의 글쓰기로 구분할 수 있다.

첫째, 자기표현으로서의 글쓰기는 자신의 사상과 감정을 정확한 언어로 표현하는 것을 말한다. 인간은 타인과 변별되는 자아를 구성하고자 하는 욕망을 안고 있다. 개인의 내면성은 사회적 관계에 의해 구성되는 사회적 자아와 구별되는 자신만의 내적 자아라는 특성을 지닌다. 개인의 내면성을 표현하기 위해서는 자신이 경험한 세계, 자신만의 관점으로 바라본 세계를 기록하고 표현할 수 있어야 한다. 이를 통해 개인의 존재 이유에 대한 자기 나름의 규명이 이뤄지고, 다른 측면에서 사회적 관계에서 발생하는 문제의 정서적 해결, 감정의 순화를 이뤄 낼 수 있다. 자기표현으로서의 글쓰기는 내적 자아의 실체화에 기여한다.

둘째, 의사소통으로서의 글쓰기는 타인과의 소통을 목적으로 한다. 그렇기에 글을 쓰는 사람만의 관점에서 벗어나는 글을 읽는 사람을 고려해야 한다. 의사소통으로서의 글쓰기는 독자를 전제로 한 글쓰기이기에 외부 세계를 향해 열려 있다. 독자와 소통하는 글쓰기는 정제된 형태로 자신의 주장을 설득력 있게 타인에게 전달하는 기술을 필요로 한다. 글쓴이의 의도가 시간과 공간적으로 떨어져 있는 타인에게 전달되어야 하기에 개방적이고 공개적인 글쓰기라고 할 수 있다.

셋째, 창조적 도구로서의 글쓰기는 언어라는 수단을 통해 새로운 이미지·사상·개념 등을 실체화하는 것을 말한다. 창조성은 자신이 경험 세계를 종합하고 재구성하여 새로운 이미지·개념·사상을 창조해 내는 능력을 말한다. 인간은 기존에 존재하던 것에서 출발해 정신능력을 통해 능동적으로 새로운 것을 생산할 수 있는 능력을 갖고 있다. 창조적 글쓰기의 대표적 사례로 문학적 글쓰기를 들 수 있다. 문학적 글쓰기는 미적 상상력을 동원해 이전까지는 존재하지 않았던 새로운 세계를 언어적으로 구성하는 것이다.

넷째, 치유로서의 글쓰기는 자기 이야기를 글로 풀어냄으로써 정서적이고 감정적인 문제를 해결하는 것을 말한다. 누구에게도 이야기하지 못했던 일들을 글로 쓰면서 고백적 해소의 효과를 경험할 수 있다. 자신에게 발생한 일을 스스로에게 털어 놓음으로써, 그 일이 객관화되는 경험을 하게 된다. 또한, 글쓰기를 통해 억압되어 있던 감정을 해소하는 효과도 경험할 수 있다. 삶의 과정에서 겪을 수밖에 없는 정신적 상처들을 글쓰기 과정에서 스스로 되돌아보고, 자기성찰의 계기를 마련하는 것이 치유로서의 글쓰기이다.

> 우리가 글을 써야 하는 이유는 무엇인가. 우선, 글을 쓰지 않으면 자기 자신과 만날 수 없기 때문이다. 글쓰기라는 인위적 노력을 기울이지 않고서는 자신과 대화하기가 쉽지 않다. 자기 자신과 대화하지 못하는 인간, 그리하여 경제논리에 포섭된 채 일상적 삶을 지속하는 인간을 나는 '소비자'라고 부른다. 이때의 소비자는 '최후의 인간'이다. 생각하지 않는 존재, 노예적 존재인 탓이다.
>
> 우리는 대부분 소비자다. 살기 위해 버는 게 아니고 벌기 위해 사는, 존재하기 위해서가 아니고 소유하기 위해 일하는 소비자. 그런데 이런

삶의 와중에도 자기 자신과 대면하는 순간이 있다. 숨 가쁜 도시적 삶에서도 자기 자신과 마주하는 계기가 몇 있기 마련이다. 누군가를 사랑할 때, 어디론가 여행을 떠났을 때, 어딘가 탈이나 병석에 누워 있을 때. 한마디로 일상적 삶으로부터 벗어나지 않고서는 스스로 내면을 응시하기가 거의 불가능하다는 것이다. 물론 걷기나 명상, 독서, 음악 감상과 같은 취미나 여가 활동도 탈일상을 가능케 한다. 하지만 '내가 나를 쓰는 글쓰기'만큼 자기 자신과 깊이 만나지는 못할 것이다.

심리학 쪽에서는 진작부터 글쓰기가 갖고 있는 치유효과에 주목해왔다. 프랑스의 신경정신과 의사이자 행동생물학자 보리스 시륄니크는 "우리에게 일어난 일을 이야기로 만들어 그 일에 의미를 부여하고 그것을 감정적으로 수정할 수만 있다면 회복이 가능해진다"고 말한다. 시륄니크는 요즘 인구에 회자되고 있는 '회복탄력성' 개념을 주창한 인물이다. 회복탄력성이 강하면 정신적 좌절을 겪더라도 빠르게 정상으로 돌아온다. 시륄니크는 계속 말한다. "영혼에 상처를 입은 사람들에게 있어 (스스로) 이야기를 한다는 것은 '사건들이 스스로에게 이야기를 하는 것 같다'는 느낌을 불러일으키는 행위"이다. 스토리텔링을 통해 상처를 객관화할 수 있다는 것이다.(보리스 시륄니크, 이재형 옮김, 『벼랑 끝에 선 사랑을 이야기하다』, 새물결, 2009).

글쓰기의 치유력을 보고하는 연구는 얼마든지 있다. 미국 텍사스 주립대 사회심리학과 페니베이커 교수는 '털어놓기'로서의 글쓰기, 즉 누구에게도 토로하지 못했던 억압된 경험(감정)을 털어놓는 글쓰기가 정신은 물론 육체적 건강에도 큰 도움을 준다고 말한다. 기도나 혼자 말하고 녹음하는 것도 좋지만 글쓰기로 털어놓는 것만큼 효과가 높지는 않다. 이와 같은 연구를 통해 페니베이커 교수는 정신 신체학의 세계적

권위자로 떠올랐다.

글 쓰는 인간은 생각하는 인간이다. 생각하는 인간이 바로 자율적 인간이다. 자율이란 무엇인가. 자기 삶에 스스로 의미를 부여하는 능력이다. 루소는 "자유란 스스로 법을 정하고 그 법에 복종하는 것"이라고 말했다. 루소의 자유를 우리의 자율로 바꿔도 무방할 것이다. 글쓰기와 자율적 인간이라니-목표와 기대가 너무 크고 높은지 모르겠다. 하지만 우리가 자율적 인간을 꿈꾸지 않는다면, 우리가 자율적 인간들의 열린 공동체를 추구하지 않는다면 우리가 바라마지 않는 '지금과는 다른 미래'는 결코 오지 않을 것이다.

이문재, 「우리는 왜 글을 써야 하는가」, 『녹색평론』 2015년 9~10월호, 녹색평론사, 204~212쪽.

이문재 시인은 글쓰기는 '자신과의 만남'이라고 했다. 글은 자기표현에서 시작하기에, 글을 쓰는 과정에서 자신의 정신세계를 발견하는 과정을 거칠 수밖에 없다. 그렇기에 글쓰기는 그 사람 자신이라는 말도 있다. 글쓰기는 사회적 존재로서 의사소통을 하기도 하지만, 이문재 시인은 '내가 나를 쓰는 글쓰기'에 특히 주목한다. '내가 나를 쓰는 글쓰기'는 자기표현의 글쓰기이고, 창조적인 글쓰기이며, 치유로서의 글쓰기이다.

이문재 시인은 글쓰기 이 외에도 스스로와 대면하는 때를 사랑을 할 때, 여행을 할 때, 아플 때라고 했다. 이 중 글쓰기는 자신의 의지에 따라 특별한 수단 없이도 스스로에게 집중할 수 있기에 의미가 있다. 글을 쓰는 행위는 생각하기를 전제로 하며, 자신의 생각을 표현하는 것은 오직 자신만이 할 수 있다. 따라서 인간은 글을 쓰는 행위를 통해 생각하며 실천하는 자율적 인간으로 나아갈 수 있다. 지금과 다른 미래도 스스로 생각하고, 실천하는 행위를 통해 가능함을 위의 글은 역설하고 있다.

활동 문제

다음 글은 인터넷과 유튜브로 인해 인간의 의식이 변하는 양상을 그리고 있다. 변화하는 매체환경에서 글쓰기의 기능과 의미가 어떤 상황에 처해 있는지 생각해 보자. 이러한 사고에 기반해 자신이 일상생활 속에서 가장 많이 하고 있는 글쓰기 활동은 어떤 것이고 그 의미는 무엇인지에 대해 글을 써 보자.

인터넷 시대에 시공간이 재배열되는 현상은 자아 감각에서 일어나는 왜곡, 즉 자기 자신이 넓게 늘여지고 꽉 채워졌다는 느낌에도 반영되는 듯하다. 희곡 작가 리처드 포먼은 '팬케이크 인간'이라는 이미지를 통해 "버튼 하나로 접근할 수 있는 방대한 정보 네트워크에 접속되면서 우리 자신이 넓고 얇게 퍼지게 됐다"는 느낌을 묘사했다. 그는 그 이미지를 문자 문화에서 교육받은 자아의 풍부한 내면적 깊이와 대조하면서, 후자를 복잡한 '대성당'으로 표현한다. 아무튼 컴퓨터 앞에 앉은 내가 선택 사이에서 스트레스를 받고 잡아 늘여진 느낌을 받는 건 사실이다. 내 자아는 화면과 한 몸이 된다. 한꺼번에 열어 놓은 여러 페이지와 창은 '지속적 불완전 집중'(마이크로소프트 간부 린다 스톤이 멀티태스킹으로 파편화한 의식을 일컫는 말) 증상을 더한다. 그런데 정말 얇게 펴진 건 내가 머무는 '현재'다. 잠재적 다른 곳과 다른 때를 향해 무수히 열린 입구로 구멍투성이가 된 지금 여기다.

신기하게도, 얼마 전에 나는 지루함에 노스탤지어를 느낀 적이 있다. 10대 시절, 대학생 시절, 또는 실업수당으로 연명하던 20대 초반에 질리도록 겪던 절대적 공허가 갑자기 그리워진 것이다. 채울 만한 게 전혀 없는 상태에서 쩍 벌어진 시간의 골, 그 지루함은 강렬하다 못해 거의 영적이기까지 했다. 때는 디지털 시대 이전이었다. CD도 없었고, 인터넷은 물론 PC도 없었다. 당시 영국에는 TV 채널이 서너 개뿐이었고, 그나마 볼 만한 프로그램은 거의 없었다. 간신히 들어줄 만한 라디오 방송국도 고작 두어 개였다. 비디오 대여점도 없었고, DVD도 없었다. 이메일, 블로그, 웹진, 소셜 네트워크도 없었다. 지루함을 달래려면 책이나 잡지나 음반에 의존할 수

밖에 없었는데, 그 모두 형편에 좌우됐다. 장난질, 약물, 창의력에 호소할 수도 있었다. 그건 결핍과 지연의 경제였다. 음악 팬이라면 새로운 물건이 나오거나 방송되기를 기다려야 했다. 새 앨범, 음악 주간지 최신 호, 밤 10시에 하는 존 필의 라디오 쇼, 목요일에 하는 〈톱 오브 더 팝스〉를 기다려야 했다. 기대감으로 버티며 보내는 시간은 길었고, 그러다 보면 마침내 '사건'이 일어났다. 어쩌다가 그 프로그램이나 그 쇼, 그 공연을 놓치면, 그걸로 끝이었다.

오늘날 지루함은 다르다. 그 성격은 과포화 상태, 주의 분산, 쉴 새 없음과 연관된다. 나도 종종 지루함을 느끼지만, 그 이유는 선택지가 없어서가 아니다. 텔레비전 채널은 수천 개고, 넥플릭스는 풍성하고, 인터넷 라디오 방송국은 수 없이 많고, 미처 듣지 않은 앨범과 보지 않은 DVD, 읽지 않은 책도 셀 수 없을 정도고, 유튜브의 아카이브는 미로처럼 끝이 없다. 오늘날 지루함은 결핍에 대한 반응, 즉 굶주림이 아니다. 오히려 관심과 시간을 요구하는 과잉에 대한 반응, 문화적 식욕 상실에 가깝다.

사이먼 레이놀즈, 최성민 옮김, 『레트로 마니아』, 작업실유령, 2017, 95~96쪽.

2. 사적 글쓰기와 공적 글쓰기

글쓰기를 범주화하면, 크게 '사적(私的)인 글쓰기'와 '공적(公的)인 글쓰기'로 나눌 수 있다. 독자와 소통을 목적으로 하는 공개적인 글쓰기가 공적 글쓰기이고, 자신의 내면에 집중해 철저한 비공개를 전제로 한 글쓰기가 사적 글쓰기이다.

사적 글쓰기는 독자에 대한 고려 없이 자신의 내밀한 이야기를 스스럼없이 글로 펼친다. 사적 글쓰기는 그 누구도 보지 않기에 자신의 생각과 감정을 아무런 내적 검열 없이 표현할 수 있다. 사회적 관계, 인간관계에서 발생한 여러 사건이나 갈등에 대한 자신의 반응에 대한 표현이자, 여러 문제를 개인적으로 수용하는 방식에 대한 자기 나름의 해명도 포함한다. 따라서 사적 글쓰기는 객관적 외부세계와 주관적 내면세계를 이어주는 내밀한 소통의 방식이라고 할 수 있다. 사적 글쓰기의 대표적 예로 비공개 고백록, 일기, 사적인 메모 형식의 글들을 들 수 있다.

공적 글쓰기는 읽는 사람인 독자를 고려하여 이뤄지는 문자적 소통이다. 글쓴이와 독자는 시간적 공간적으로 분리되어 있기에, 다양한 독해의 가능성을 고려하여 정교한 글쓰기가 이뤄져야 한다. 공적 글쓰기는 다음과 같은 목적을 지닌다.

첫째, 정서적 감동을 불러일으키는 공적 글쓰기가 있다. 글쓴이는 읽는 이의 공감을 불러일으켜 정서적 감동을 촉발할 수 있다. 이는 문학적 표현이나 개인의 감수성을 글로 표현하는 소통하는 방식의 글쓰기이다.

둘째, 글을 통해 독자에게 새로운 지식이나 가치 있는 정보를 제공하는 공적 글쓰기가 있다. 광범위한 정보 전달이 이뤄지는 인터넷 글쓰기, 신문기사, 책 등으로 지식을 매개하는 글쓰기이다.

셋째, 찬반이 대립하거나 입장이 다른 쟁점에 대해 글쓴이의 견해를 설득적으로 제시하는 공적 글쓰기가 있다. 칼럼이나 논설문처럼 독자를 설득할 목적으로 쓰는 글쓰기가 대표적인 예이다.

이처럼 글쓰기의 동기와 의도, 대상에 따라 글쓰기를 유형화할 수 있다. 그렇다면, 사적 목적과 공적 목적 이외에 글쓰기는 어떤 목적을 갖는 것일까?

첫째, 글쓰기는 자기 성찰과 성장의 기회를 확대하는 데 목적이 있다. 글쓰기는 자신의 내면에서 길러 올리는 생각의 표현이다. 내면의 생각이 소통을 전제로 표현될 때, 독자의 입장에서 다시 글의 표현의 문제를 생각하게 된다. 이를 통해 상호적 관계에 대해 고려하게 되고, 자아의 세계에서 외부

세계로 나아가는 자아 성찰과 내적 성장이 이뤄지게 된다.

둘째, 글을 매개로 타인과 소통함으로써 공감능력을 확장할 수 있다. 공감능력은 타인의 입장에서 사안을 생각하고 파악할 때 강화된다. 타인의 고통을 함께 아파하고, 타인의 기쁨에 동화할 수 있는 능력이 공감능력이다. 글쓰기와 읽기를 통해 타인과 소통적 공감영역을 넓힐 수 있다.

셋째, 문학적 표현의 습득과 활용을 통해 아름다움을 창조하고 향유할 수 있다. 회화는 이미지로, 음악은 소리, 무용은 몸짓으로 아름다움을 창조한다. 문학을 문자로 아름다움을 형상화한다. 문학은 인간의 정신 능력의 종합을 통해 다양한 감각을 환기하는 창조영역이다.

넷째, 글쓰기를 통해 역사적·사회적·문화적 맥락을 읽어내는 능력을 기를 수 있다. 인류의 문화유산 중 지적 결정체는 글쓰기를 통해 전수되어 왔다. 글쓰기를 통해 문자 해독 능력을 향상시킬 수 있고, 더 나아가 인간의 총체적 삶에 대해 보다 깊이 맥락적 이해를 할 수 있다.

글을 쓰는 사람은 자신의 경험과 지식을 종합하고 재구성하는 과정을 통해 '새로운 앎'을 능동적으로 창출한다. 글쓰기는 비판적 기능과 창조적 기능을 동원하는 역량을 키워주고, 더 깊이 있는 지식을 학습하고 탐구할 수 있도록 이끌 수 있다. 특히, 전문화된 직업 분야에서 글쓰기를 통한 소통과 창조는 한 개인이 구비해야 할 기본 능력으로 요구되고 있다. 글쓰기는 읽고 쓰는 능력의 향상에 기여하기에 인류 지식의 결정체와 깊이 관련을 맺고 있다.

> 문화변용 또는 학식 있는 사람들을 기쁘게 해주는 활동으로 알고 있는 독서의 미래는 안전하다고 할 수 있다. 저작활동이 가까운 장래에도 계속될 것임을 확신할 수 있기 때문이다. 저작은 문자사회 특유의 전달 활동이면서 독서와 결부된 또 하나의 기본적인 활동이다. 사람들이 어

떤 형태로든 문자로 된 텍스트를 생산하는 한, 그에 따른 독서활동은 많든 적든, 적어도 지구 인구의 일부에 의해 계속 실행될 것이다. (중략)

로버트 패티슨 Robert Pattson은 "읽고 쓰는 능력은 고대 이집트의 파라오 시대 이후 아직 한 번도 실패를 경험한 적이 없으며 오직 변화되었을 뿐이다."라고 했다. 우리는 이 읽고 쓰는 능력이 앞으로도 소멸되는 일 없이 계속 변화될 것이라고 가정할 수 있다.

그러므로 대중의 사회문화적 활동을 연구대상으로 하는 예언자이며 분석가인 역사가의 흥미를 불러일으킬 문제는 읽고 쓰는 능력의 존치 여부에 대한 것이 아니다. 그들은 오히려 더 미묘한 문제에 흥미가 있다. 요컨대 다음과 같은 것들이다. 가까운 장래에 인간의 독서활동은 어떤 형태가 될까? 사회적으로 얼마나 널리 보급되고 실행될까? 독서욕구는 증대할까 감소할까? 세계의 다른 여러 사회문화 지역에서는 독서에 관해 어떤 대응을 할까? 결국, 최근에 언급되듯이, "독서활동은 독서의 효과가 점점 일반화됨으로써 비례적으로 그 근거를 잃고 있다"라는 게 사실일까?

아르만도 페트루치, 「독서를 위한 독서: 독서의 미래」, 『역사를 읽는다는 것의 역사』(로제 샤르티에·굴리엘모 카발로 엮음, 이종삼 옮김), 한국출판마케팅연구소, 2011, 557~558쪽.

전자매체의 시대, 멀티미디어 환경의 변화가 미래의 읽고 쓰는 능력에 영향을 미치는 것은 분명하다. 읽고 쓰는 능력이 미래에도 필요할까라는 질문이 제기될 수 있다. 아르만도 페트루치는 이러한 질문이 불필요한 의구심을 낳을 뿐이라고 말한다. 인류의 역사는 문자언어로 기록되어 있고, 독서 행위를 하는 인구수는 줄어들 수 있지만, 앞으로 지속될 것이다. 오히려 향후 읽고 쓰는 능력이 어떤 형태로 변화할 것인가라고 질문하는 것이 적절하다.

문자를 이용한 인간의 역사가 증명하듯, 읽고 쓰는 능력은 미래 사회에서도 변화하면서 지속될 것이라는 예측이 가능하다.

활동 문제

영국의 소설가 조지 오웰(George Orwell, 1903~1950)은 글을 쓰는 네 가지 동기를 제시했다. 그것은 ① 글쓰기를 통해 인정받고 싶다는 이기심, ② 문장을 통해 아름다움을 창조하고 싶다는 열정, ③ 기록을 후세에 전하고 싶다는 충동, ④ 세상을 바꾸고 싶다는 정치적 목적이다. 다음 글을 참고하여, 자신이 글쓰기를 하는 동기에 대한 글을 작성해 보자.

모든 작가는 허영심이 많고 이기적이고 게으르며, 글을 쓰는 동기의 맨 밑바닥은 미스터리로 남아 있다. 책을 쓴다는 건 고통스러운 병을 오래 앓는 것처럼 끔찍하고 힘겨운 싸움이다. 거역할 수도 이해할 수도 없는 어떤 귀신에게 끌려 다니지 않는 한 절대 할 수 없는 작업이다. 아마 그 귀신은 아기가 관심을 가져달라고 마구 울어 대는 것과 다를 바 없는 본능일 것이다. 그런가 하면 자기만의 개별성을 지우려는 노력을 부단히 하지 않는다면 읽을 만한 글을 절대 쓸 수 없다는 것도 사실이다. 좋은 산문은 유리창과 같다. 나는 내가 글을 쓰는 동기들 중에 어떤 게 가장 강한 것이라고 확실히 말할 수 없다. 하지만 어떤 게 가장 따를 만한 것인지는 안다. 내 작업들을 돌이켜 보건대 내가 맥없는 책들을 쓰고, 현란한 구절이나 의미 없는 문장이나 장식적인 형용사나 허튼소리에 현혹되었을 때는 어김없이 '정치적' 목적이 결여되어 있던 때였다.

조지 오웰, 이한중 옮김, 『나는 왜 쓰는가』, 한겨레출판, 2010, 300쪽.

3. 읽기 · 생각하기 · 쓰기

글을 잘 쓰기 위해서는 지속성을 가진 장기적 실천이 필요하다. 넓은 시각에서 볼 때, 좋은 글을 쓰기 위해 필요한 것은 글쓰기 행위 전반을 뒷받침하는 요소들에 대한 지속적인 관심과 체계적인 학습이다. 글쓰기는 단순한 쓰기 행위 자체만으로 이루어지는 것이 아니다. 글을 쓴다는 것은 생각하기라는 사고의 과정과 직결되어 있다. 글쓴이의 생각의 뿌리는 직간접적인 경험에 닿아 있다.

한 개인이 가진 글쓰기 능력의 원천은 읽기와 생각하기, 쓰기라는 세 가지 요소 전반에 대한 감각 혹은 체험의 깊이라고 말할 수 있다. 하나의 글쓰기 행위 속에서 이 세 가지 요소가 연결되어 작용하는 과정은 다음과 같은 도식으로 제시할 수 있다.

읽기		생각하기		쓰기
소재 투입 새로운 정보와 지식의 수용 과정	→	가공 작업 비판적 · 창의적 사고 과정	→	결과 산출 사고에 형태를 부여하는 표현 과정

표면적인 차원에서 글쓰기 행위는 읽기에서 시작하여 쓰기로 종결되는 투입과 산출의 과정으로 나타나지만, 엄밀하게 말하자면 그 흐름은 일방향적인 것이 아니라 세 가지 요소의 '순환' 관계로 이루어진다. 읽고 생각하고 쓰는 일은 글쓰기 행위 속에서 연동하여 상호 작용한다. 그렇다면 쓰기에 대해 읽기와 생각하기는 어떤 측면에서 어떻게 작용하는 것일까. 다음 예문은 이 세 가지 요소가 맺고 있는 관계의 의미를 함축적으로 제시하고 있는 경우이다.

> 변지의(邊知意) 군이 천리의 먼 곳에서 나를 찾아왔다. 그의 뜻이 어디에 있는가를 물었더니 문장(文章)에 있다고 하였다. 그날 집 아이 학유(學游)가 나무를 심었다. 심어 놓은 나무를 가리키면서 비유하여 설명해 주었다.
>
> 사람에게 있어서 문장은 풀이나 나무로 보면 아름다운 꽃과 같다. 나무를 심는 사람은 나무를 심을 때 그 뿌리를 북돋아 주어 나무의 줄기가 안정되게만 해 줄 뿐이다. 그렇게 하고 나면 나무에 진액이 오르고 가지와 잎사귀가 돋아나면 그때에야 꽃도 피어난다. 꽃을 급히 피어나게 할 수는 없다. 정성스러운 뜻과 바른 마음으로 그 뿌리를 북돋아 주고, 독실하게 행하고 몸을 잘 닦듯이 줄기를 안정되게 해 주어야 한다. 경전과 예(禮)를 궁리하고 연구하여 진액이 오르도록 하고, 넓게 배우고 들으며 예능에 노닐어 가지나 잎이 돋아나게 해야 한다.
>
> 이렇게 해서 그 깨달은 것을 유추하여 쌓아 두고 그 쌓아 둔 것을 펼쳐 내면 글이 이루어진다. 그것을 보는 사람들이 문장이 되었다고 인정하게 되니, 이것을 문장이라고 하는 것이다. 그러니 문장이란 급하게 완성될 수 없다. 그대는 이것을 가지고 집으로 돌아가 구해 보게나. 여러

가지 배울 점이 있을 것이네.

정약용, 박석무 옮김, 『유배지에서 보낸 편지』, 창비, 2011, 329~330쪽.

다산 정약용(1762~1836)은 조선 후기를 대표하는 지식인이다. 봉건시대에 조선 민중에 대한 사랑으로 75년의 생애를 산 실학자인 다산 정약용은 18년간 유배지에서 생활한 것으로도 유명하다. 그의 대표작인 『목민심서』는 봉건시대라는 시대적 한계에도 불구하고 백성의 입장에서 부정부패와 착취를 일삼는 관리를 비판한 책으로 명성이 자자하다. 대표적 저술가이자 문장가인 다산은 "정치의 잘못을 일깨워 주지 않는 시는 시가 아니다"라고 일갈하기도 했다. 앞의 예문에는 다산 정약용의 글쓰기 철학이 잘 드러나 있다. 다산 정약용은 문장 쓰기와 꽃을 피워 내는 일을 비유해 제시한다. 다산은 참다운 문장, 즉 좋은 글을 쓰기 위해서는 두 가지 일에 유의해야 한다고 했다. 먼저, 정성을 들여 뜻과 바른 마음을 세워 체험하는 것이고, 다른 하나는 '깨달음'이다. 여기서 다산이 거론하고 있는 체험과 깨달음은 읽기와 생각하는 일에 각각 대응될 수 있다. 다산은 좋은 글을 쓰는 데 필요한 체험의 형식으로 '보고 듣는 일'과 함께 '독서'를 제시하고 있다. 보고 듣는 일이 직접 체험에 속하는 것이라면 독서는 간접 체험에 해당한다. 좋은 글을 쓰기 위해서는 직접 체험이 필요하지만 또 다른 차원에서 중요한 역할을 하는 것은 책 읽기라는 간접 체험의 형식이다. 직접 체험이 제한적일 수 있음에 반해 책 읽기라는 간접 체험은 적은 비용으로 많은 것을 얻을 수 있다는 장점을 가지고 있기 때문이다. 시간과 공간의 경계를 자유롭게 넘나들 수 있는 독서 행위로부터 우리는 다양한 세계 체험을 할 수 있다.

독서 체험은 새로운 앎을 통해 세상을 넓고 깊게 바라볼 수 있는 안목을 길러 내는 데 도움을 준다. 안목의 형성은 생각하기, 즉 사고의 확장을 의미한다. 다산은 그것을 가리켜 '깨달음'이라고 부르고 있으며 그러한 의미의 새로운 생각에 형태를 부여하는 행위가 바로 '쌓아 둔 것을 펼쳐 내는 일'인 쓰기이다. 다산과 동시대를 살았던 고증과 박학의 대가 이덕무는 자신의 저서 『청장관전서』에서 글쓰기 행위를 뒷받침하는 요소들의 관계를 다음과 같은 탁월한 물음의 형식으로 함축해 놓았다. "견문이 넓고 아는 것이 많으면서도 글을 쓰지 못하는 것은 열매를 맺지 못하는 꽃과 같다. 어느새 떨어져 버리지 않을 수 있겠는가? 글을 쓰면서도 널리 알지 못하는 것은 깊이가 없는 물과 같다. 어느새 말라 버리지 않겠는가?"

글쓰기에서 생각하는 일이 차지하고 있는 비중은 매우 크다. 글쓰기의 가치를 따질 때 흔히 내세우는 말은 '글은 쓴 사람의 사고 표현'이라는 주장이다. 이런 주장은 글쓰기 행위에서 생각하는 일, 사고의 과정이 가지는 중요성을 환기하게 하는 말이다.

이처럼 글쓰기의 본질은 하나의 과정으로 파악되어야 한다. 다시 말해 글쓰기란 하나의 생각이 또 다른 하나의 생각을 불러일으키는 과정의 연속이다. 생각의 사슬로 이어진 사고의 연쇄 과정은 깨달음이라는 새로운 앎을 탄생시킨다. 글쓰기의 창조성은 바로 여기에서 비롯되고 있다. 창조적인 글쓰기는 사고의 모험, 그러니까 질문을 던지고 이의를 제기하는 사유의 능력을 의미하는 것이다.

훌륭한 글쓰기는 읽고 생각하고 쓰는 일의 지속적 순환으로 이루어질 수 있다. 좁은 의미에서 좋은 글을 쓰기 위한 세 가지 기본 요소로 거론되는, 세계를 깊이 있게 분석하는 데 필요한 다양한 '지식'과, 현상과 세계의 의미를 적절히 조직해낼 수 있는 '구성력', 그리고 생각을 문자언어로 표현할 수 있는 '문장력'의 의미 또한 읽고 생각하고 쓰는 일에 각각 대응된다는 점을 기억해 두자.

글을 잘 쓰기 위해 우리가 지불해야 할 것은 많은 시간과 비용이 아니라 작지만 지속적인 관심과 노력이다. 당장 필요한 것은 메모할 수 있는 수첩 한 권이면 충분하다. 중요한 것은 그 수첩에 매일 빠뜨리지 않고 한 문장 혹은 한 문단씩 글을 써 나가는 일이다. 읽고 있는 책에서 찾아낸 멋진 한 구절, 방금 본 영화의 인상적인 장면, 오늘 우연히 만난 어떤 사람의 독특한 인상 등에 대해 자유롭고 진솔하게 적어 나가는 순간의 '나'야말로 읽고 보고 느끼고 생각하면서 그것을 문자언어로 표현하는 온전한 글쓰기의 주인이다.

활동 문제

다음 내용은 개인별 글쓰기 예비 능력을 진단하기 위한 항목들과 평가 기준이다. 각 항목들에 대해 '예, 아니오'로 솔직하게 답변(○ 혹은 ×로 표시)하고 그 결과를 검토하는 과정을 통해 글쓰기와 관련하여 자신에게 부족한 요소와 전반적인 문제점은 무엇인지 정리해 보자.

① 평소에 좋은 글과 책을 꾸준히 읽는다. (　　)

② 글쓰기에 도움을 줄 수 있는 다양한 아이디어들을 메모한다. (　　)

③ 작성해야 할 글의 성격과 목적을 이해한 상태에서 글쓰기를 시작한다. (　　)

④ 글을 쓸 때 읽을 독자를 고려한다. (　　)

⑤ 쓸 글에 대해 머릿속에서 구상하는 시간을 충분히 갖는다. (　　)

⑥ 글쓰기에 필요한 메모와 자료를 정리하여 활용한다. (　　)

⑦ 개요를 바탕으로 초고를 작성한다. (　　)

⑧ 초고를 작성한 뒤, 고쳐쓰기를 통해 글을 완성한다. (　　)

⑨ 철자법과 띄어쓰기 등 정서법 규칙을 숙지하여 준수하고 있다. (　　)

⑩ 내가 쓴 글을 다른 사람에게 보여 주고 조언을 구한다. (　　)

- 상(우수, 8개 이상): 준비가 충분히 되어 있는 상태, 다양한 형식의 글쓰기 연습을 지속해 나간다면 훌륭한 글을 쓸 수 있다.
- 중(보통, 5~7개): 부족한 요소들을 보충하고, 자신에게 익숙한 형식의 글에서 시작하는 단계적 글쓰기 연습을 해 나갈 필요가 있다.
- 하(미달, 4개 이하): 준비가 부족한 상태, 글쓰기의 토대를 이루는 기초 준비 사항들을 전반적으로 검토한 뒤 점진적으로 보완해 나가야 한다.

연습 문제

1. 내가 기억하는 최초의 글은 무엇인가? 내 기억 속에서 가장 의미 있었던 글은 무엇이었는가? 그 글에 관해 글을 써 보자.

2. 글쓰기를 매개로 장래에 하고 싶은 일이 있는가? 자신의 자서전을 미래에 쓴다면 어떤 내용으로 채우고 싶은가?

2장

학문 윤리와 글쓰기

1974년 학문 윤리 위반과 관련해 미국에 최초의 대중적 관심을 불러일으킨 사건이 발생했다. 당시 미국에서 촉망받던 젊은 의사였던 윌리엄 서머린(William Summerlin)은 로버트 굿(Robert Good)이 소장으로 있던 슬론-케터링 연구소에서 연구 작업을 수행했다. 로버트 굿은 면역학자로서 미네소타 대학에서 장기 이식과 면역 체계로 수많은 연구 논문을 발표했다. 굿은 5년간 700여 편의 등재 논문을 발표할 정도로 이 분야의 권위자로 이름을 날렸다. 윌리엄 서머린은 굿의 연구소에서 사람 각막의 토끼 눈 이식 실험을 진행했다. 서머린의 연구에 대한 다른 연구자들의 의심이 증폭되자, 굿은 서머린의 실험을 검증했다. 검증 결과 실험이 엉터리로 진행된 것이 밝혀졌다. 윌리엄 서머린은 굿의 실망감을 상쇄시키기 위해 다른 획기적인 실험을 진행했다. 윌리엄 서머린은 검은쥐의 피부를 흰쥐의 피부에 이식하는 실험에 성공하였다고 발표하였다. 당시에는 면역학 분야에서 획기적인 실험 성공이었다. 검은쥐의 피부를 이식한 흰쥐는 사육사가 특별 관리하게 되었는데, 얼마 후 놀라운 일이 벌어지기 시작했다. 흰쥐의 검은 반점이 점차 지워지기 시작한 것이다. 사육사는 이 사실을 굿에게 알렸고, 굿은 즉시 서머린을 해고했다. 미국에서 주목받은 '윌리엄 서머린 사건' 혹은 '색칠 쥐 사건'은 연구 부정행위에 대한 대중적 관심을 불러일으켰고, 미국 내에서 최초의 데이터 조작 사례로 알려져 있다.

한국에서는 '황우석 교수의 줄기세포 연구 논문 조작 사건'으로 인해 대중의 학문 윤리에 관심이 증폭되었다. 서울대 황우석 교수 연구팀이 2005년 『Science』에 맞춤형 인간 배아 복제 줄기세포에 관한 연구 논문을 발표했다. 하지만 MBC 〈PD 수첩〉 취재진과 생물학연구정보센터(브릭)에서 논문 조작 가능성을 제시해 국내외에 충격을 주었다. 2006년 5월 검찰 수사 결과 줄기세포의 미존재 및 관련 연구의 조작이 사실로 확인되었다.

글쓰기의 표절 관련해서는 2015년 소설가 신경숙의 표절 사건이 발생해 한국 사회에 큰 충격을 주었다. 신경숙의 단편 소설 「전설」이 일본 작가 미시마 유키오의 소설 「우국」을 표절했다는 의혹이 제기되었다. 의혹은 텍스트 대조 과정에서 사실로 밝혀졌고, 소설가 신경숙은 사과했다. 한국의 대표 작가 신경숙이 일본 우익 작가의 작품을 표절했다는 사실에 독자들은 크게 실망했고, 한국 사회에서 표절 문제에 대한 대중적 관심을 크게 불러일으켰다.

우리 사회의 곳곳에서 광범위하게 이루어지고 있는 표절 행위는 한 개인에 한정되는 문제가 아니라 사회 전체가 고민해야 할 사안이다.

표절 행위의 대두와 확산 국면에는 일상의 한 부분이 된 컴퓨터와 인터넷 사용이 중요한 배경으로 자리 잡고 있다. 지금 우리는 언제든지 월드 와이드 웹이라는 정보의 망망대해 속으로 나아갈 수 있고, 필요하다면 문서 작성기를 이용하여 그 수많은 정보들을 얼마든지 자유롭게 복사 편집할 수 있게 되었다. 여기서 문제가 되는 것은 사용자가 베끼기라는 표절의 유혹에 무방비 상태로 노출되어 있다는 사실이다. 그뿐만 아니라 각종 웹 사이트에서 제공하는 지식과 정보의 대부분이 원작자나 원전을 확인할 수 없는 정체불명의 자료에 해당한다는 점과, 그런 지식과 정보의 본질적 성격이 파편화된 조각성에 있다는 사실 또한 사용자 자신이 미리 잘 알고 있어야 한다.

표절 행위는 대학이라는 공간에서 특히 중요한 문제로 취급되고 있다. 대학에서의 학문 탐구와 연구 활동은 주로 학술적 글쓰기를 통해 이루어진다. 다양한 문헌 자료를 활용하는 학술적 글쓰기는 표절 가능성과 함께 표절 논란의 소지를 늘 가지고 있는 경우이다. 이런 문제점을 일찍 파악한 외국의 대다수 대학은 표절 예방 차원의 학문적 정직성 준수를 위한 원칙을 수립하고 구성원들이 그것을 공유하는 시스템을 이미 구축해 놓고 있다. 한국에서도 '황우석 교수의 줄기세포 연구 논문 조작 사건' 이후인 2007년에 '연구윤리 확보를 위한 지침'이 제시되었다.

2007년 2월 8일 과학기술부는 훈령 제236호를 통해 '연구윤리 확보를 위한 지침'을 발표했다. '연구윤리 확보를 위한 지침'에서는 '연구부정행위'를 다음과 같이 정의하고 있다.

> 연구부정행위는 연구개발 과정의 제안, 연구개발의 수행, 연구개발 결과의 보고 및 발표 등에서 행하여지는 위조·변조·표절·부당한 논문 저자 표시 행위 등을 말한다. 이를 상술하면 다음과 같다.
>
> 1. "위조"는 존재하지 않는 데이터 또는 연구결과 등을 허위로 만들어 내는 행위를 말한다.

2. "변조"는 연구 재료 · 장비 · 과정 등을 인위적으로 조작하거나 데이터를 임의로 변형 · 삭제함으로써 연구 내용 또는 결과를 왜곡하는 행위를 말한다.
3. "표절"이라 함은 타인의 아이디어, 연구내용 · 결과 등을 정당한 승인 또는 인용 없이 도용하는 행위를 말한다.
4. "부당한 논문저자 표시"는 연구내용 또는 결과에 대하여 과학적 · 기술적 공헌 또는 기여한 사람에게 정당한 이유 없이 논문저자 자격을 부여하지 않거나, 과학적 · 기술적 공헌 또는 기여를 하지 않은 자에게 감사의 표시 또는 예우 등을 이유로 논문 저자 자격을 부여하는 행위를 말한다.
5. 본인 또는 타인의 부정행위의 의혹에 대한 조사를 고의로 방해하거나 제보자에게 위해를 가하는 행위
6. 과학기술계에서 통상적으로 용인되는 범위를 심각하게 벗어난 행위 등

「연구윤리 확보를 위한 지침」,
과학기술부훈령 제236호 제4조(연구부정행위의 범위), 2007. 02. 08.

'연구 부정행위'에 대한 규정은 학문적 정직성 준수를 위한 목적으로 만들어졌다. 대학 강의실과 실험실, 논문 작성과 시험 현장을 비롯하여 신입생에서 교수에 이르기까지 대학의 모든 구성원에게 적용된다. 2000년대 중반 이후, 한국 사회에서도 표절에 대한 문제의식과 더불어 경각심을 널리 공유해 나가면서 대학을 중심으로 표절 문제를 담당하는 전문 기구와 검증 시스템이 도입되고 있는 상황이다.

표절 행위를 예방하기 위해서는 먼저, 표절이 무엇인가에 대한 정확한 이해가 필요하다. '훔치다, 도둑질하다'는 말뜻을 가지고 있는 표절 행위의 개념은 다음과 같은 두 가지 경우로 규정된다.

- 다른 이의 말이나 글을 가져오면서 출처나 맥락(인용 사실)을 밝히지 않는 행위
- 남의 저작물과 표현을 자기 자신의 것으로 내세우고 표시함으로써 독자를 고의적으로 속이는 행위

표절의 유형은 자구의 표절, 아이디어 표절, 자기 표절의 경우로 구분할 수 있다. 표절을 예방하기 위해 우리는 다음과 같은 기본적 윤리 지침을 정확하게 기억하고 준수해야 한다.

- 특정 저자의 개성적·독창적 아이디어와 성과물을 가져와서 아무런 표시 없이 그냥 쓰면 안 된다.
- 다른 이의 견해를 자신의 독창적 생각인 것처럼 제시하면 안 된다.
- 다른 사람의 견해나 아이디어를 빌리거나, 자기 글을 다시 가져올 경우, 반드시 '출처'를 명시한다.
- 널리 알려져 일반화된 사실이나 견해 혹은 공유하는 학설에 대해서는 논자가 그 내용을 완전히 이해하고 있을 경우, 인용 표시 없이 쓸 수 있다.

여기서 가장 중요한 것은 타인의 글을 가져올 때 인용이라는 방법을 적절하게 활용하여 글쓰기 윤리를 준수하는 일이다. 인용(引用)이란 다른 사람의 글과 말 가운데서 필요한 부분을 빌려오는 것을 가리킨다. 인용하는 목적은 자신의 주장을 뒷받침하여 강화하고, 공통되거나 상반되는 견해를 통해 논의를 풍부하게 만들며, 다른 이의 생각에 대한 비판적 논의와 해석을 제시하는 데 있다. 인용의 원칙 또한 잘 기억해 둘 필요가 있다.

- 꼭 필요한 경우에만 한다.
- 다른 사람의 견해를 존중하는 태도를 취한다.
- 인용 시에는 자료의 출처를 정확하게 제시한다.
- 검증된 권위 있는 자료를 이용한다.
- 인용 자료와 주장 사이에는 분명한 관련성이 있어야 한다.

인용 시에는 자신의 글과 타인의 글이 분명히 구별될 수 있도록 적절한 형식의 '인용 표시'(직접인용 혹은 간접인용)를 하고, '참조주'를 달아 출처를 정확하게 제시해야 한다. 참조주는 글의 성격을 적절하게 고려하되, 본문 속에 바로 작성하는 '본문주'나 해당 페이지의 하단에 작성하는 '각주(脚註)'의 형태를 활용하는 게 무방하다. 참조주에서는 인용한 자료의 출처와 관련된 사항을 저자명(연구자명), 글 제목(혹은 논문 제목 등), 책 제목(혹은 저널 제목 등), 출판사, 출판 연도, 참조 쪽수 순으로 적어 주면 된다.

글쓰기 윤리에 위배되는 부정행위는 표절뿐만 아니라 변절, 위조, 중복 제출, 과제물 구매 및 양도, 그룹별 협동 학습에서의 무임승차 등을 포함하고 있다. 여기서 우리는 특히, 다른 강좌에서 제출한 글을 또 다른 강좌에서 다시 제출하거나, 그룹 단위의 공동 과제 수행 시 조사 연구 활동에 참여하지 않고 보고서의 제출자 명단에 이름을 올리는 행위에 대해 다시 생각해 볼 필요가 있다. 지금 우리는 인터넷상에서 과제 보고서(report)를 돈으로 사고파는 시대 속에서 살아가고 있다. 우리 모두가 대학의 존재 의미와, 대학생으로서 자신의 인격을 어떻게 지켜 나갈 것인가에 대해 늘 생각해 보아야만 하는 이유가 여기에 있다.

활동 문제

다음 글을 읽고 우리 주변에서 일어나는 다양한 '표절 사례와 유형'에 대해 각자 조사하고, 표절에 대한 '나'의 경험과 생각을 정리해 보자('학문 정직성 서약서'는 본인 서명 혹은 날인하여 담당 교수에게 제출).

중앙대학교는 2015년부터 공통교양과목인 '글쓰기'에서 '학문 정직성 서약서: 글쓰기 명예 선언'을 하고 있다. 중앙대학교 학생들은 '① 글쓰기의 기본 윤리를 지키고, 표절 행위를 하지 않는다. ② 중앙대학교 학문 공동체의 일원으로서 적극적으로 활동한다.'라는 내용의 서약서에 자발적으로 서명하는 아너코드(honor code, 명예서약)를 하고 있다.

연세대학교는 2017년 2월 신입생 입학식에서 아너코드를 시행했다. 그 내용은 '① 나는 성실하고 정직한 자세로 대학생활과 학문 활동에 참여한다. ② 나는 대학 공동체 구성을 배려하고 존중한다. ③ 나는 사회적 약자를 배려하고 성평등의 가치를 지향한다.'이다. 서울대학교 자연과학대학도 2017년 1학기부터 '학문 정직성을 지키기 위해 헌신하고 정직성을 훼손하는 행위로부터 자유로워지며 진실하게 지적 탐구에 매진한다.'라는 내용의 아너코드를 도입했다.

외국 대학의 경우는 오래전부터 학문 정직성에 대한 교육을 강화했다. 아너코드를 처음 도입한 곳은 미국 버지니아 대학이다. 그때가 1840년이었다고 한다. 이후 하버드 대학교, 스탠퍼드 대학교 등에서 채택했다. 미국 프린스턴 대학교는 시험을 치른 이후 '나는 아너코드를 어기지 않았다.'라고 서명하도록 의무화되어 있다고 한다. 아너코드에 입각한 무감독 시험이 치러지기도 한다. 프랑스의 사례도 눈길을 끈다. 프랑스는 학위를 국가가 관리하는데, 학위 논문 표절이나 시험 부정행위가 적발되면, 5년간 운전면허 시험 등 모든 국가시험에 응시할 수 있는 자격을 박탈한다고 한다. 한 언론 보도에 따르면, 미국 대학에서는 '한국을 비롯한 동아시아 학생의 보고서는 여러 번 꼼꼼히 살펴야 한다.'라는 주의 사항이 있다고 한다. 학문 윤리의 세계적 표준에 한국이 못 미친다는 경고로 읽힌다.

학문 윤리 위반과 표절에 대한 징계만으로 위반 사례를 줄일 수는 없다. 학문 윤리에 대한 아너코드 의무화와 표절 예방 교육 등과 같은 방법을 통해 선제적으로 대응해야 한다. 표절이 심각한 윤리적 부정행위이며, 심지어 범죄 행위일 수 있음을 분명히 인지하도록 해야 한다. 이를 위해서는 단지 개인의 도덕적 감정에 호소하기보다는 예방 교육과 관용 없는 제재를 시행할 필요가 있다.

연습 문제

'글쓰기와 나'라는 주제를 가지고 600자 내외로 자유 작문을 해 보자. 이때 다음 질문들을 중심으로 쓸거리와 아이디어를 이끌어 내어 글의 내용을 구상해 보자.

- '글쓰기'라는 단어를 대할 때, 제일 먼저 떠오르는 느낌과 생각은?

- 나는 언제부터 본격적인 글쓰기를 시작한 것일까? 기억할 수 있는, 내가 쓴 최초의 글은 무엇인가?

- 글쓰기와 관련된 나의 기억과 추억에는 어떤 것이 있는가?

- 나에게 있어 글쓰기는 과연 어떤 일인가? 즐거운 일인가, 괴로운 일인가, 아니면 의무인가?

- 내 글쓰기의 장점과 단점은 무엇인가?

- 장차 내가 쓰고 싶은 글이 있다면 어떤 목적과 유형의 글인가?

- 지금의 내가 글을 더 잘 쓰기 위해서는 무슨 일부터 해야 할까?

학문 정직성 서약서

- 글쓰기 명예 선언 -

나는 '의와 참'의 정신을 창학 이념으로 삼고 있는 자랑스러운 중앙인으로서 학문 정직성과 글쓰기 윤리를 지킬 것을 선언합니다.

나는 명예로운 삶을 위해 학문 윤리에 어긋나는 행위를 단호히 거부하며, 표절 행위를 하지 않을 것입니다.

나는 이 명예 선언을 양심에 따라 자발적으로 지킬 것을 굳게 서약합니다.

준수 사항

1. 나는 글쓰기의 기본 윤리를 지킵니다.

글쓰기 실습과 과제 수행에 있어 타인의 글이나 자료들을 출처 표시 없이 가져오는 표절행위를 하지 않습니다.

2. 나는 글쓰기 학습에 스스로 동기를 부여하고, 학문 공동체의 일원이라는 자긍심을 가지고 공동 학습 활동에 성실하게 임할 것입니다.

수업에 대한 열정을 가지고 글쓰기 학습 목표 달성에 힘쓸 것이며, 공동 학습 활동 시 팀의 일원으로서 동료의 글을 성실하게 읽고 논평할 뿐만 아니라 지적 사항도 겸허하게 수용할 것입니다.

나는 이 서약을 성실하게 지킬 것임을 다시 한 번 맹세합니다.

중앙대학교 ____________대학 ____________학과(학부) 성명 ____________(서명)

서약일: ________년 _____월 _____일

2부

단계별 글쓰기의 과정과 방법

글쓰기의 과정

구상하기

표현하기

고쳐쓰기

1장

글쓰기의 과정

글쓰기는 과정이 있는 행위이다. 단지, 펜을 들어 종이 위에 글자를 새겨 넣거나, 키보드로 문자를 입력하는 행동이 글쓰기의 모든 것은 아니다. 이런 행동들이 글을 쓰는 과정 중 하나의 단계라는 점은 분명하지만, 그것이 전부일 수는 없다.

글쓰기의 과정에 대해 이해하기에 앞서 글쓰기에 관한 어떤 학생의 고백을 들어 보자.

> 저는 글쓰기가 참 싫어요. 정말이지 제가 하기 싫어하는 일들 가운데 하나는 분명히 글쓰기일 거예요. 어제는 어떤 교양 과목 수업에서 관련 서적을 읽고 서평을 써 내는 과제가 있었는데요. 머리를 쥐어짜고 고민했지만 결국은 평소 글 쓰는 방식대로 과제를 작성해서 제출하고 말았어요. 평소에 어떻게 글을 쓰냐고요?

우선, 컴퓨터를 켜요. 그리고 '훈글' 프로그램을 열지요. 그리고는 뭔지 모를 말들을 생각나는 대로 따다닥 입력을 해요. 그런데 그렇게 입력한 내용은 이내 쓸데없는 내용들이라는 생각이 들어 백스페이스키를 또 눌러요. 따다닥! 이때부터는 신경질이 나요. 나는 왜 글을 못 쓰는지에 대한 자괴감도 들고, 경우에 따라서는 내가 이런 걸 왜 써야 하나 생각이 들기도 하지요. 그래도 어떻게 하겠어요. 과제는 제출해야 하니 써야지요.

이제부터는 마음을 바꿔 '훈글' 창을 최소화하고, 'Google Chrome'을 열어요. 그리고 과제 제목과 관련된 여러 가지 키워드들을 중심으로 검색을 하죠, 'Google'에서. 그런데 신기한 건 최근에 출판된 책인데도 관련 자료가 꽤 많이 검색이 된다는 거예요. 저는 이렇게 다양한 소스들을 모두 모아 놓고 부분부분 'Copy & Paste', 쓱싹쓱싹! 그리고 그것들을 멋지게 편집하지요.

끝으로 과제 표지를 만들어요. 그리고 파일 이름을 적당히 붙여서 담당 교수님의 이메일 주소로 과제를 제출하지요. 와우, 이제 땡이에요. 과제는 끝! 남은 일은 학점이 어떻게 나올지 마음 졸이며 기다리는 일뿐입니다.

한 학생의 고백에서 펼쳐지는 우스꽝스러운 상황, 정말 특이한 사례라고 웃어넘길 수 있을까? 사실 우리는 글쓰기 행위 자체에 큰 부담감을 느낀 나머지 글쓰기를 미루다가 결과적으로는 위의 학생과 같은 방식으로 대충 글을 쓰게 되는 경우가 적지 않다. 그렇다면 이러한 상황을 극복하기 위해서 우리는 무엇을 해야 할까?

무엇보다 먼저 우리는 '글쓰기는 과정이 있는 행위'라는 점에 대해 고민해야 할 것이다. 앞서 소개된 어떤 학생의 고백을 보자면 이 학생의 글쓰기는 글쓰기를 위해 많은 고민을 했지만 결국 자기의 글이 아니라 남의 글을 짜깁기한 데 그치고 말았다. 왜 이렇게 되었을까? 여기에는 크게 세 가지 문제가 있다.

① 컴퓨터를 켜고 자판을 두드리기 시작한 것이 글쓰기의 첫 단계였다.
② 다른 사람이 쓴 글을 복사하여 붙이는 것이 글쓰기의 두 번째 단계였다.
③ 글을 간단히 편집한 후 뒤도 돌아보지 않고 제출한 것이 글쓰기의 마지막 단계였다.

이상의 세 가지 문제는 이 학생이 글쓰기를 '과정이 있는 행위'로 인식하지 못한 데서 기인한 것이다. 각각의 문제점을 구체적으로 살펴보면 다음과 같다.

우선, ①은 이 학생이 글을 쓰기 전에 쓸 내용에 대해 오랫동안 구상하지 않은 채 글을 썼다는 점이 문제이다. 한 편의 글을 쓰기 위해 우리는 주제에 대해 많은 생각을 해야 하고, 그런 생각들을 체계적으로 조직해야 한다. 그런데 이 학생의 글쓰기에는 그런 과정이 모두 생략되었다. 만약 이 학생이 주제에 대해 깊이 생각하고, 그 생각들을 메모하여 정리한 후에 글을 쓰기 시작했다면 어떠했을까? 자판에 있는 백스페이스키에 짜증을 조금은 덜 내도 되지 않았을까?

다음으로, ②는 앞선 문제가 발생시킨 문제이다. 이 학생은 쓸 내용에 대한 자기 생각이 없었기 때문에 결국 다른 사람의 쓴 내용을 옮겨 적고 마는 상황이 되었다. 글쓰기는 자기의 느낌이나 생각을 다른 사람에게 전달하는 것을 목적으로 하는데, 이 학생의 글쓰기는 본연의 목적 자체를 잃어버린 셈이다. 글을 쓸 때 기존 자료를 참고하는 것은 필요하지만, 기본적으로 글쓰기는 자기 자신의 언어로 표현되어야 한다.

끝으로, ③은 ('표절'이라는 큰 문제를 차치하고서라도) 쓴 글에 대해 다시 돌아보며 다듬는 과정을 거치지 않았다는 점이 문제이다. 글은 말과 달라 그것을 생산하여 상대방에게 전달하는 사이에 어느 정도 그것을 되돌아보고 더 나은 것으로 만들 수 있는 시간이 허락된다. 이 학생은 자기가 작성한 글을 뒤도 돌아보지 않고 이메일로 제출해 버렸으니 글 자체를 좀 더 개선할 여지를 스스로 포기해 버렸다고 해도 무방하다.

우리의 글쓰기에서 나타날 수 있는 이러한 문제점들은 어떻게 해결할 수 있을까? 결국 우리는 '글쓰기는 과정이 있는 행위'라는 점에 주목하고, 글쓰기의 그러한 특성을 고려한 글쓰기를 해야 할 것이다. 그렇다면 글쓰기에는 어떤 과정이 필요할까? 앞서 살펴본 것처럼 거시적인 관점에서는 '읽기 ↔ 생각하기 ↔ 쓰기'의 과정을 상정할 수 있지만, 여기서는 '글쓰기'라는 행위의 전후 단계를 중심으로 했을 때 다음과 같이 글쓰기의 단계를 제시할 수 있다.

구상하기란 글을 쓰기 전에 어떤 내용에 대해 쓸 것인지 깊이 있게 생각하고, 그러한 생각의 결과를 체계적으로 조직화하는 단계를 말한다. 표현하기란 구상하기 단계를 통해 정리된 자료와 생각을 문자라는 양식에 담아 구체화하는 단계이다. 고쳐쓰기란 표현하기 단계를 통해 구체화된 내용의 문제점을 발견하고 그것을 개선해 나가는 단계이다.

각 단계는 좀 더 정밀하게 세부 단계로 구분할 수 있으며, 이러한 세부 단계를 고려하자면 앞선 설명은 좀 더 구체화되어야 할 필요가 있다. 다만, 여기서는 전반적인 내용을 개괄하려는 의도로 간략히 글쓰기의 과정에 관련한 단계를 소개하였다.

이제 우리는 이상에서 살펴본 바와 같이 글쓰기가 과정이 있는 행위라는 점을 유념하고, 글쓰기의 세부적인 여러 단계를 각각 연습할 것이다. 그 결과 한 편의 완성된 글을 작성하고 글쓰기 과정 전체를 실습해 보고자 한다. 이러한 실습을 통해 글쓰기 행위에 대한 막막함과 막연한 부담감을 버리고 체계적인 단계를 수행함으로써 자신의 감정과 생각을 글로 표현할 수 있을 것이다.

활동 문제

자신이 썼던 과거의 글 한 편을 떠올려 보자. 그 글을 어떤 과정을 통해 썼는지 솔직하게 메모하고, 그 내용을 조원들과 공유해 보자. 그리고 인상적인 사례를 발표해 보자.

2장

구상하기

본격적으로 글쓰기의 단계별 연습을 시작하자. 그 첫 단계는 구상 단계이다. 구상이란 글을 쓰기 전에 어떤 내용에 대해 쓸 것인지 깊이 있게 생각하고, 그러한 생각의 결과를 체계적으로 조직화하는 단계를 말한다. 우리는 이 단계에서 쓸 내용에 대해 심도 있는 생각을 많이 해야 한다. 그러나 자기 혼자 또는 스스로 생각을 많이 꺼내는 데 그치는 것으로는 충분하지 않다. 이 단계에서는 기존의 자료를 다방면으로 수집하고 분석해야 하며, 또한 쓸 내용에 대해 다른 사람들은 어떤 생각을 가지고 있는지도 파악할 필요가 있다. 그리고 이러한 과정을 거쳐 내가 쓸 내용들이 추려지면, 그것들을 어떤 방식으로 제시할지 체계화하는 과정을 거쳐야 한다.

1. 화제 찾기와 주제 설정

글을 쓸 때 화제 찾기와 주제 설정은 매우 중요한 단계 중 하나이다. 화제와 주제가 바로 자신이 글로 쓸 '그 무엇(대상)'이 되기 때문이다. 글을 쓸 때 무엇을 쓸지에 대해 분명하게 하지 않으면 이후의 단계로 진입하는 데 어려움이 발생할 수 있다. 여기서는 화제 찾기와 주제 설정 단계에 대해 연습한다.

1) 화제 찾기

글을 쓰는 동기나 계기는 다양할 수 있겠지만, 좋은 화제를 찾아내는 것이 본격적인 글쓰기의 시작 단계이다. 화제란 간단히 말해 이야기의 제목이나 재료를 말하는데, 주로 글을 통해 다루어지는 '그 무엇(대상)'이 바로 화제이다. 화제는 외부에서 주어진 것을 수용하는 경우도 있지만, 자기 스스로 선택하는 경우도 있다. 외부로부터 화제가 주어진 경우에는 주어진 화제를 중심으로 글을 쓰면 되지만, 자기 스스로 화제를 선택해야 하는 경우에는 좀 더 능동적인 화제 찾기가 필요하다. 우리는 보통 다음과 같은 방식으로 화제를 찾게 된다.

① 우연한 발상이나 느낌에서 화제를 발견하는 경우
② 타인과의 대화를 통해 화제를 발견하는 경우
③ 과거 또는 현재의 사건에서 화제를 발견하는 경우
④ 자신 또는 타인이 쓴 글에서 화제를 발견하는 경우

앞의 네 가지 가운데 ①, ②의 경우는 우연적이고 개인적인 특성이 있지만, ③, ④의 경우는 비교적 공식적인 경로라는 특성이 있기 때문에 다양한 교실에서 여러 사람이 함께 연습하기에 편리한 면이 있다. 여기서는 신문에서 글을 읽으면서 화제를 발견하는 방법을 참고해 보기로 한다. 다음 표는 신문사의 칼럼을 자유롭게 검색하여 관심 있는 소재를 찾아보는 실습 예시이다. 각자 관심을 가지고 읽었던 칼럼을 한 편씩 찾아 소개하는 것으로 자유롭게 실습할 수 있다.

학생	글의 제목	필자
1	칼퇴하면 번아웃이 사라질까	곽승희
2	청년 정치, 그게 뭐예요?	허승규
3	20대의 아이디어는 왜 헐값인가	박진영
4	'요즘옛날'을 산다는 것	김희연
5	1,060원짜리 구조조정	박정훈

관심 영역에 대한 어떤 한 편의 글을 가지고 왔다고 해서 그 자체로 글의 화제를 찾는 과정이 끝났다고 할 수는 없다. 우리는 이러한 글을 계기로 무엇을 다룰 것인지를 좀 더 분명히 할 필요가 있다. 가령, 「칼퇴하면 번아웃이 사라질까」라는 글에서는 글의 제목에서 '칼퇴', '번아웃'과 관련한 화제를 마련할 수 있고, 「1,060원짜리 구조조정」이라는 글에서는 '최저임금', '알바노동자', '구조조정' 등의 화제를 찾을 수 있다. 글을 쓰기 위해서는 가능한 여러 화제를 두루 살피되, 어느 하나에 초점을 맞출 필요가 있다.

활동 문제

1. 가장 최근에 쓴 글 한 편을 떠올려 보고, 어떤 내용에 대해 쓴 글인지 생각해 보자. 그 글은 어떤 계기로 쓰게 되었는지 메모하고, 그 내용을 조원들과 공유해 보자. 그리고 인상적인 사례를 발표해 보자.

2. 각자 관심을 가지고 있는 화제와 관련된 내용을 다루고 있는 칼럼을 신문에서 찾아보자. 찾은 글을 간략히 요약하여 다른 조원에게 소개하고, 좀 더 많은 조원들이 공통적으로 관심을 가지고 있는 글을 한 편 선정해 보자. 그리고 선정된 글을 정독한 후 여러 가지 화제를 찾아보자.

3. 사전에 찾아온 신문의 글이 없다면, 다음 예문(앞의 표에서 4번 학생의 글인 「'요즘옛날'을 산다는 것」)을 통해 화제 찾기를 한 예시를 살펴보도록 하자.

요즘 주변을 둘러보면 마치 1980~1990년대 어디쯤 와 있는 건가, 놀랄 때가 많다.

집들이 간 집에서는 음료로 참기름 병에 담긴 밀크티를 내온다. 예전에 엄마가 성남 모란시장에서 방금 짠 거라며 사 오시던 그 플라스틱 빨간 뚜껑의 투박한 참기름 병이다. 20대 딸은 청재킷에 짧은 청치마를 입고 "디스코 머리로 양 갈래 길게 땋아 줘, 힙하게"라며 머리를 내민다. 그날 디스코 머리 사진을 올린 딸아이의 인스타그램에선 친구들이 예쁘다고 난리가 났다. 음원차트에서는 인디밴드 잔나비의 1980~90년대풍 노래 「주저하는 연인들을 위해」가 빌보드 어워즈에 빛나는 방탄소년단(BTS)의 신곡 「작은 것들을 위한 시」와 1, 2위를 나란히 한다. 이게 뭐지, 어리둥절하다. 시대적 감성에서 점점 밀려나고 있다고 생각했는데

내 감성이 '핵인싸'란 말인가.

복고를 뜻하는 '레트로(retro)'의 유행이 새로운 것은 아니다. 하지만 '유행은 돌고 돈다'라거나 '디지털에 지친 아날로그'라는 말로 설명하기에는 좀 부족하다. 최근 전방위적으로 나타나는 레트로의 열풍이 과거보다 더욱 강력하기 때문이다.

덕분에 '요즘옛날'을 살아가는 기분이다. '노인들의 홍대'로 불리던 서울 동묘 벼룩시장엔 주말이면 패셔니스타가 되려는 젊은이들이 핫 아이템을 찾으려고 몰려든다. 젊은이가 주 고객층인 편의점업계에서도 '경양식 치즈 함박 도시락' 등 옛 입맛을 살린 신제품 경쟁이 치열하다. 레트로는 아이러니하게도 IT 산업에서도 원동력이 되고 있다. 해외에서도 인기를 끌고 있는 애플리케이션(앱) '구닥'의 성공은 흥미롭다. 이 앱은 필름 카메라처럼 24장을 찍고 나면 한 시간 동안 더 사진을 찍을 수가 없고, 찍은 사진을 확인하려면 무려 3일을 기다려야 한다. 수십, 수백 장을 몇 초 만에 찍은 후 바로 저장하고 삭제해 버리는 시대에 '느린 불편함'의 경험을 돈 주고들 산다.

'요즘옛날'이란 표현은 지난해 말 2019년 트렌드를 소개하며 김난도 서울대 교수가 썼던 말이다. 김 교수는 과거에 대한 향수가 핵심인 '레트로(복고)'가 아니라 젊은 세대들이 옛것에서 신선함을 느끼는 '요즘옛날, 뉴트로(going new-tro)'가 소비 시장에서 큰 주목을 받을 것이라고 전망했다. '레트로'가 과거의 재현이라면 새로운 과거, '뉴트로'는 과거의 새로운 해석으로 앞으로 브랜드 헤리티지와 아카이빙(archiving)이 더욱 중요해진다고 했다.

"기술의 편의성과 반비례해 자기 통제권을 잃어가며 무력감에 찌든 N포 세대에게 과거에 대한 동경심은 잠시나마 힘든 현실을 회피할 수 있는 안식처가 되어 준다. 80년대를 겪지 않은 1020세대가 그 시절을 동경하는 것은 장밋빛 미래가 없는 현실 때문이라는 분석도 있다. 팍팍한 현실 탓인지 배부른 투정인지는 단언할 수 없지만 한 가지 분명한 것은 요즘의 밀레니얼 세대들은 유명한 것보다 새로운 것을 찾는다는 사실이다. 그들에게 뉴트로는 가 보지 않은 길에 대한 설렘이다."(김난도 외, 『트렌드 코리아 2019』, 미래의창, 2018) 기성세대에겐 '추억', '향수'로 정의될 수 있지만 젊은 세대의 새로운 해석이 더해지면서 '설렘'의 대상이 되고 있다는 분석이다.

주변에 요즘의 '레트로' 혹은 '뉴트로'를 어떻게 생각하는지 한번 물어봤다. "요즘 애들, 무조건 재밌고 희귀한 거 좋아하니까 유행하는 거 아닐까요?"(50대 직장인), "불황기에는 원래 복고가 유행합니다."(60대 은퇴자), "마케팅의 주요 포인트이죠."(30대 마케터), "세대 차가 덜 느껴져요."(40대 직장인), "그때를 한번 살아 보고(경험하고) 싶은 거예요."(90년대생 학생)……. 어떤 이는 일종의 '므두셀라 증후군(Methuselah syndrome)'이 연관돼 있다고 말하기도 했다. 사는 게 갈수록 팍팍해지면서 나쁜 기억은 지우고 좋은 추억만을 기억하려는 기억 왜곡 심리 현상이 일부 결합돼 있다는 것이다.

여러 대답 중 가장 귀에 들어온 것은 '그때를 한번 살아 보고 싶다'는 젊은이의 말이었다. 이유는 우리가 짐작하는 그대로다. 속으로는 '나도(우리도) 그때 참 힘들었어. 모든 게 불확실하고 얼마나 모순됐는 줄 알아. 정말 개판이었다.'라고 외쳤다. '하지만 그때는 장밋빛, 청사진, 미래를 얘기하며 앞으로 나아갔으니까, 지금과는 달랐지.'라고 인정할 수밖에 없었다. 사회학자인 지그문트 바우만은 마지막 저서인 『레트로토피아』에서 과거로의 회귀를 말하며 레트로토피아는 "분통 터질 정도로 변

> 덕스럽고 불확실한 현재에 내재한 미래에 대한 두려움이 바로 그 원천"이라고 했다. 유토피아를 말하지 않는 시대, 나부터 '요즘옛날'을 어떻게 살아야 할지 다시 생각해 봐야겠다.
>
> 김희연, 「'요즘옛날을 산다는 것」, 『경향신문』, 2019. 5. 5.

2) 주제 설정

글을 쓰기 위한 화제를 선정했다면, 이것을 구체화하여 주제를 설정해야 한다. 화제를 구체화한다는 것은 정해진 화제와 관련된 여러 영역과 국면 가운데 특히 어떤 부분에 초점을 맞추어 글을 쓸 것인지를 분명히 한다는 것을 의미한다.

다양한 방식으로 주제를 설정할 수 있겠으나, 정한 화제와 관련한 여러 가지 질문들을 던지고 그것에 대한 답을 하는 과정에서 주로 무엇에 대해 쓸 것인지를 하나의 주제문으로 표현하는 것도 하나의 방법이 될 수 있다.

예를 들면, '복고 열풍과 소비문화'에 대한 글을 쓴다고 할 때 우리는 다음과 같은 몇 가지 질문들을 던지고 그것에 대한 답을 하는 과정을 통해 '복고 열풍과 소비문화' 가운데 어떤 내용을 주로 다룰 것인지를 주제문으로 설정할 수 있게 된다.

① 복고란 무엇인가?
② 복고는 왜 유행하는가?
③ 복고열풍의 사례로는 어떤 것들이 있는가?
④ 복고가 소비되는 사례는 무엇인가?
⑤ '진정한 낡음'을 향수하는 방법은 무엇인가?

활동 문제

앞의 활동 문제에서 정한 화제에 대해 다양한 질문을 던져보자. 해당 질문에 대한 답을 하면서 글의 주제문을 작성해 보자. 조별로 작성된 주제문을 발표하고 주제에 대한 청중들의 관심도를 살펴보자.

2. 주제에 대한 토의와 토론

글을 쓸 주제가 정해졌다면, 그 주제와 관련한 내용으로 다양하고 심도 깊은 토의와 토론을 해야 한다. 다만, 단지 머릿속에 저장된 정보만으로는 제한적인 토의와 토론을 할 수밖에 없을 가능성이 크기 때문에 주제와 관련한 다양한 자료를 수집하여 살펴보고, 그것을 바탕으로 토의와 토론을 진행해야 한다. 이런 과정을 통해 충실한 토의와 토론이 이루어지고, 이것이 곧 글이 풍성해지는 토대가 된다.

활동 문제

1. 조의 글쓰기 주제와 관련하여 각자 수집한 자료를 조사 자료 리스트로 작성해 가며, 공유해 보자.

2. 조의 주제와 관련하여 공유한 자료를 참고하여 자유 토론을 해 보자. 단 구두로 진행한 토론 내용은 메모로 남겨 토론 개요서의 형태로 작성해 보자(토론은 자유 형식을 취하며 필요한 경우 찬성과 반대의 입장으로 진행해도 좋다).

3. 개요 작성과 구성

우리는 앞선 실습을 통해 쓸 내용을 풍성하게 모아 두었다. 그러나 이러한 내용은 아직까지 조합되지 않은 재료에 불과하다. 이러한 내용들은 어떤 순서로 그리고 어떤 방식으로 제시되는가에 따라 다른 효과를 나타낼 것이다. 이런 자료들이 좀 더 효과적인 글로 만들어지기 위해서는 이것을 체계적으로 조직화하는 과정을 거쳐야 한다. 글쓰기에서 쓸 내용을 체계적으로 조직화한다는 것은 마치 건축에서 설계도를 작성하는 과정과 같다. 본격적으로 집을 짓기 전에 설계도를 작성하고 작성된 설계도가 실현 가능한 것인지, 효과적인지, 아름다운지 등에 대한 검토를 하여야 하듯이, 글을 쓰기 전에도 개요를 작성하고, 그 개요가 적절한 것인지에 대해 검토를 할 필요가 있다는 것이다.

일반적으로 한 편의 글은 3단 구성의 체제를 갖추었을 때 안정감을 갖는다. 흔히 말하는 서론-본론-결론의 구성을 떠올리면 쉽다. 하지만 본론은 한 개 이상의 단락으로 세분화될 수 있기에 3단 구성은 4단 구성, 5단 구성, 7단 구성 등 다양한 형태로 나타나게 된다. 보통 A4 1장 분량의 짧은 글을 쓸 때에는 5단 구성의 체제를 따르는 것이 보편적이다. 글의 구성과 전개 방식은 글의 내용과 필자의 의도에 따라 얼마든지 자유롭게 사용할 수 있으므로 여기에서 제시하는 예문은 하나의 예시로만 받아들이는 것이 좋다.

활동 문제

1. 자신이 쓸 글의 내용을 한 문장으로 표현하여 주제문과 글의 제목을 작성하고, 주제를 잘 드러낼 수 있도록 글의 개요를 5개 문단으로 나누어 각 문단의 소주제문을 작성해 보자(단, 주제문은 단어나 어절이 아닌 완결된 문장의 형태로 작성하며, 의문문으로 작성하지 않는다).

2. 앞의 개요를 완성했다면, 다음으로는 보다 구체화된 방법으로 문장 카드 사용법을 연습해 보자. 자신이 쓸 글의 내용을 15장의 문장 개요 카드의 기능에 맞게 작성해 보자(단, 여기서는 문장 개요 카드를 적을 때 문장과 문장, 그리고 문단과 문단 간의 관계를 드러내는 '담화 표지'는 사용하지 말자).

각 문장 카드의 기능

1: 글에서 무엇을 다룰 것인지에 대한 흥미로운 방식의 소개 문장
2: 주제에 대한 자신의 견해에 관련한 명시적 진술 문장
3: 글의 전반적 기술 방식에 대한 간략한 안내 문장

4: 자신의 견해에 관한 첫 번째 근거에 대한 핵심 문장
5: 4의 핵심 문장을 부연하는 문장
6: 이상의 내용을 잘 보여 주는 예시

7: 자신의 견해에 관한 두 번째 근거에 대한 핵심 문장
8: 7의 핵심 문장을 부연하는 문장
9: 이상의 내용을 잘 보여 주는 예시

10: 자신의 견해에 관한 세 번째 근거에 대한 핵심 문장
11: 10의 핵심 문장을 부연하는 문장
12: 이상의 내용을 잘 보여 주는 예시

13: 자신의 견해에 대해 예상되는 반론(의견) 언급
14: 반론(의견)에 대한 반박 또는 대안 제시
15: 마무리 서술 계획

예시

제목	뉴트로(newtro), 너와 나의 연결고리
주제문	소비문화 속에서 뉴트로의 유행이 주목된다.
1단락	1. 최근 새로운 복고, 뉴트로(new+retro)가 유행하고 있다.
2단락	2. 낡은 물건의 희소가치가 새 물건에 비해 높아 관심을 끈다. (이유 1)
3단락	3. 옛것은 요즘의 상품이 갖고 있지 않는 다른 요소를 가지고 있다. (이유 2)
4단락	4. 뉴트로는 옛것이 주는 새로운 감성과 향수를 동시에 불러일으킨다. (이유 3)
5단락	5. 여러 세대에게 공감되는 뉴트로 문화는 가치가 높다.

1. 얼마 전 친구가 인스타그램에 여관 사진을 올려서 의아했는데 댓글을 보고 나서야 그곳이 요즘 인기 있는 카페라는 사실을 알게 되었다.
2. 오래된 골목이나 상점을 개조한 장소가 내 또래 친구들에게 큰 인기를 끄는 현상은 흥미롭게 느껴진다.
3. 젊은 사람들이 낡고 오래된 것을 오히려 새로운 것으로 받아들이는 문화현상인 뉴트로가 유행하게 된 이유를 살펴보고자 한다.

4. 지금의 소비사회는 낡은 물건의 희소가치가 높다.
5. 과거에는 새것이 희소가치를 지녔던 것에 비해, 오늘날에는 값싼 새 물건들이 매일매일 우리의 일상을 차지하게 되었다. 사람들은 물건이 낡기 전에 또 다른 새로운 물건으로 기존의 것을 대체하는 것에 익숙하다.
6. 패스트 패션의 등장은 이러한 세태를 잘 보여 준다. 유행의 교체가 급격히 빨라지면서 사람들은 더 이상 작년에 입던 옷을 올해 다시 입으려고 하지 않는다.

7. 급속한 유행의 변화는 견고하고 오래가는 질 높은 물건을 생산하지 않는 제조 풍토를 만든다.
8. 예전에는 얼마나 견고하고 좋은 재질의 물건이냐에 따라 값이 매겨졌지만, 지금은 브랜드나 디자인과 같은 부수적으로 여겨졌던 요소에 따라 물건 값이 크게 달라진다. 견고함은 소비자가 고려하는 우선순위에서 밀려난 지 오래다.
9. 우리 집에도 아주 오래전에 산 가방들이 여전히 튼튼한 상태로 내 옷장 구석을 지키고 있다.

10. 사람들은 낡은 물건, 촌스러운 감성을 소비하면서 지금보다 정겹던 과거를 향수하려고 한다.
11. 뉴트로 열풍을 따르는 사람들은 옛것 그 자체가 아니라 그것이 담고 있는 추억을 다시 떠올리고 향수를 소비한다.
12. 지금도 오렌지 주스 병을 보면 나는 냉장고에서 그 주스 병에 든 보리차를 따르다가 와장창 유리병을 깨뜨려 혼쭐이 났던 어린 시절이 떠오른다.

13. 나처럼 어린 시절의 추억이 없는 사람도 낡음 자체가 좋아 뉴트로에 빠져들 수도 있다.
14. 어린 시절 낡은 전축으로 음악을 들어 본 적이 없는 이십대도 LP판의 매력에 빠져들기도 한다.
15. 요즘 불고 있는 복고의 유행은 고전적이면서도 새롭다. 세대마다 다른 이유로 낡은 것에 빠져들기 때문이다. 같은 공간에서 음악을 들으면서 20대는 LP판의 노이즈에서 새로움을 느끼고, 50대는 대학 시절을 추억할 것이다. 서로 다른 세대가 함께 공감하는 문화는 뜻깊다.

3장

표현하기

표현하기란 구상 단계를 통해 정리된 자료와 생각을 문자라는 양식에 담아 구체화하는 단계이다. 이 단계에서는 필자 자신이 쓰려는 내용이 독자에게 좀 더 효과적으로 전달되도록 하기 위해 어떤 방식을 취해야 할지에 대해 고민해야 한다. 특히 요즘과 같이 문자로 된 텍스트가 범람하고 있는 시기에는 내가 쓴 글이 독자에게 읽히기 위해 어떤 노력을 기울여야 할지에 대해 고려해야 할 필요가 있다. 내 글이 독자에게 선택되기 위해서는 적절한 정보를 제공해야 할 뿐만 아니라, 정서적으로 호감을 주어야 한다.

이 장에서는 초고 쓰기 연습을 하기로 한다. 글의 개요가 작성되었다면 개요를 중심으로 초고를 작성하게 된다. 초고는 한 편의 완성된 전체 글로 작성이 되겠지만, 그 과정은 부분적인 단락을 쓰는 것으로 연습할 수 있다. 여기서는 도입부, 본문, 마무리를 구분해 단락 쓰기 훈련을 하고, 이를 통해 초고 쓰기를 연습한다.

1. 도입부 쓰기

글에서 도입부는 매우 중요하다. 글 전체의 이미지를 형성하는 데 결정적인 역할을 하기 때문이다. 만약 도입부가 독자에게 호감을 준다면 독자는 그 글을 끝까지 읽을 가능성이 높다. 아무리 좋은 글도 도입부에서 독자를 사로잡지 못하면 독자에게 읽힐 기회를 잃을 가능성이 크다. 여기서는 도입부가 구체적으로 어떤 기능을 담당하는지, 그리고 그런 기능들을 잘 수행하기 위해서 어떤 기법들을 활용할 수 있는지 살펴보고 연습하기로 한다.

도입부의 기능

- 이 글이 무엇에 대해 쓰는 글인지에 대해 소개한다.
- 이 글에서 필자가 취하고 있는 입장에 대해 명시한다.
- 이 글이 어떻게 전개될지에 대해 전반적으로 조망한다.

도입부가 제대로 기능할 수 있도록 하기 위해 어떤 방식으로 도입부를 작성해야 할까? 필자의 스타일에 따라 다양한 방식으로 도입부를 쓸 수 있겠지만, 여기서는 자주 활용되는 다섯 가지 방식을 소개하고 각각의 예시를 보이도록 한다.

도입부를 작성하는 다섯 가지 기법

① 질문 던지기
② 특정 인물의 경험 언급하기
③ 구체적인 사건 언급하기

④ 속담이나 명언, 명구 활용하기

⑤ 주제와 관련된 용어나 개념 풀이하기

1) 질문 던지기

질문을 던지면 독자는 주제에 대해 좀 더 능동적 자세를 가지게 된다. 또한 질문을 던지고 그 질문에 대한 답을 찾는 방식으로 글을 구성하는 것도 비교적 용이한 글의 구성 방식 중 하나이기 때문에 질문 던지기는 글의 도입부에서 자주 활용된다.

> 학문 연구 속에서 자유롭기를 원한다면, 어떻게 해야 할까? 학문 후속 세대에게 선택할 수 있는 길은 있을까? 그 가능성 중 하나를 자기 자신에게 향하는 '싸움 걸기'에서 찾을 수 있지 않을까?
>
> 오창은, 「커피, 카피, 코피」, 『절망의 인문학』, 이매진, 2013, 156쪽.

2) 특정 인물의 경험 언급하기

대부분의 사람은 다른 사람의 경험에 대해 관심을 가지고 있다. 누군가의 경험을 접하고 그것이 자신과 같은 것이라면 동질감을 느끼게 되고, 다른 것이라면 호기심을 느끼게 된다. 둘 중 어떤 경우라도 흥미로운 경험에 대한 언급은 독자의 관심을 끌 수 있다.

> "교수님, 성공적인 대학생활을 하려면 어떻게 해야 하나요?" "잘 노세요. 단, 노력해서 열심히." 이번 학기 초 속리산 신입생 오리엔테이션에서 어느 신입생이 내게 던진 질문과 이에 대한 나의 우답(愚答)이다. 노

> 는 것이 마치 죄를 짓는 것 같이 여겨지던 세상에서, 이제는 잘 노는 아이가 공부 더 잘하고, 잘 놀 줄 아는 직장인이 더 성공할 수 있다는 세상으로 변하고 있다.
>
> 이세영, 「잘 놀아야 하는 세상」, 『중대신문』, 2013. 6. 2.

3) 구체적인 사건 언급하기

역사적인 사건이든 최근의 사건이든 구체적인 사건을 언급함으로써 독자들의 관심을 끌 수 있다. 이러한 방식은 독자의 지적 호기심을 충족시킬 수도 있고, 시사적 이슈에 대한 관심을 유발시킬 수 있다는 점에서 긍정적이다.

> 올해 모 대학의 축제 기획단은 여러 인디밴드를 초대해 록페스티벌 형식의 공연을 열었다. 이는 유명 가수를 초청해 학생들의 참여를 이끌어 왔던 기존의 관행과는 다른 '파격적'인 시도로 주요 일간지에서 기사화된 바 있다. 사실 해당 기사의 주된 내용은 여기서 벌어진 찬반 논쟁으로, 대학 축제는 많은 학생들이 즐길 수 있어야 하는데 유명하지 않은 밴드의 공연은 축제의 재미를 떨어뜨린다는 의견이 한편, 비싼 섭외비용을 지급하면서까지 인기 연예인을 초청하느니 다른 방식으로 즐길 수 있는 축제를 만드는 노력이 필요하다는 것이 다른 한편이었다.
>
> 오창록, 「새로운 대학 축제를 상상하며」, 『대학원신문』, 2012. 6. 6.

4) 속담이나 명언, 명구 활용하기

우리에게 잘 알려진 속담을 활용하는 경우 필자가 독자에게 전달하고자 하는 바에 대해 독자들을 좀 더 쉽고 친근하게 다가설 수 있다. 또한 명언이나 명구를 언급하면 이 글이 단지 필자의 특이한 관점이 아닌 많은 사람에게 인정받을 만한 관점에서 제시된 것이라는 점을 보일 수 있다는 장점이 있다.

> "나는 신문 없는 정부보다 정부 없는 신문을 택하겠다." 미국의 제3대 대통령 토마스 제퍼슨이 남긴 말이다. 견제와 비판을 숙명으로 삼은 언론의 중요성을 강조한 것이다.
>
> 200여 년 전 미국 대통령은 언론 없는 사회의 위험성을 경고했지만 지금 대학 언론은 위기를 맞닥뜨렸다. 올해 3월 연세대에선 대학 본부가 학보사에 재정 압박을 가해 연세대 학보 『연세춘추』의 백지 호외 사태가 발생했고, 6월엔 가톨릭대 학보 『가대학보』의 주간 교수가 학생 기자들의 편집권을 침해해 발행 중단 사태가 발생한 바 있다.
>
> 김순영, 「대학언론의 소리 없는 아우성」, 『중대신문』, 2013. 11. 4.

5) 주제와 관련된 용어나 개념 풀이하기

독자에게 생소할 수 있는 용어나 개념에 대해 풀이하는 도입부 기술 방식은 앞으로 기술할 내용을 자연스럽게 언급할 수 있다는 면에서 긍정적이다. 또한 용어나 개념을 풀이하면서 주제와 관련된 관점이나 프레임을 필자에게 유리하게 형성할 수 있다는 장점이 있다.

> 우리말에서 '잘살다'와 '잘 살다'는 의미 차이가 있다. 앞의 붙여 쓴 '잘살다'가 물질적 풍요와 관련된 것이라면, 뒤의 띄어 쓴 '잘 살다'는 정신적 풍요와 윤리적 삶과 관련된 것이기 때문이다. 언제부턴가 우리 사회는 '잘 살기'보다는 '잘살기'에만 막무가내로 집착하고 있다. 물론 '잘 살기' 위해서는 최소한의 '잘살기'가 필수적이다. 하지만 그럼에도 불구하고 우리가 진정으로 추구해야 할 삶은 '잘살기'가 아니라 '잘 살

기'라는 사실을 부정할 수는 없다.

류찬열, 「내 지식과 인격과 품성의 8할, 글쓰기」, 『중대신문』, 2013. 5. 19.

활동 문제

개요 카드에서 도입부에 해당하는 세 장의 문장 카드를 중심으로 도입부를 작성해 보자. 이때 도입부가 어떤 기능을 담당하게 할 것인지, 그리고 그런 기능을 담당하게 하기 위해 어떤 기법을 사용할 것인지 분명히 계획하고 도입부를 작성해 보자.

2. 본문 쓰기

본문은 글을 통해 이야기하고자 하는 핵심 내용이 주로 담기는 부분이다. 본문은 도입부와 달리 특별한 작성 기법이 있는 것이 아니기 때문에 본문을 구성하는 방식 자체에 대해 고민하며 작성하는 것이 필요하다. 기억해야 할 것은 본문 구성에서 반드시 따라야 할 어떤 특정 방식을 익히는 것이 아니라 독자가 자연스럽게 인지하고 수용할 수 있는 글 전개의 기준이 있어야 한다는 것이다. 그렇지 않고 특별한 구성 원리 없이 본문을 작성하게 되면 독자는 필자의 글이 매우 혼란스럽다는 부정적 인식을 가지게 될 것이다. 여기서는 참고할 만한 본문의 구성 방식 몇 가지를 사례와 함께 소개하고자 한다.

본문 구성의 방식

- 도입부에서 언급한 내용을 구체적으로 전개
- 도입부에서 제기한 문제를 논리적으로 주장
- 필자의 견해를 체계화(시간과 공간의 변화에 맞춰, 논리적 인과관계에 맞춰, 문제 해결 등의 방식)

앞의 구성 방식은 크게 병렬형 구성과 해설형 구성으로 나눠 볼 수 있다. 병렬형 구성은 여러 가지 근거들을 제시하는 과정을 거쳐 필자의 견해를 타당하게 뒷받침하는 방식이다. 이와 달리, 해설형 구성은 참고할 만한 여러 가지 사실이나 원칙들을 바탕으로 필자의 주장에 이르는 구성 방식이다. 다음에서는 각각의 예문을 제시하였다.

1) 병렬형 구성

스마트폰을 사용한 지 한 달이 지났다. 이 납작한 마법 상자의 민첩한 영리함이 마냥 신기하고 대견스럽다. 허나 짓궂은 녀석의 시도 때도 없는 간섭과 투정이 꽤나 귀찮고 경망스럽다. 그리고 차츰 두렵다. 갈수록 내가 뉴미디어를 '휴대'한 것이 아니라 오히려 이 애물단지가 나의 일거수일투족을 '관리'한다는 의혹이 스멀스멀 피어오른다. 주종(主從)의 역전이 무섭다. 우리의 일상과 행동방식과 (무)의식을 숨 가쁘게 재편하는 이 작은 거인의 정체는 무엇인가? 이 글은 한 인문학자의 스마트폰(이하 SP) 사용후기이다.

첫째, SP는 산만과 집중의 통섭을 실현한다. 우선 SP는 심심함을 허용하지 않는다. 총천연색 볼거리가 눈길을 붙잡고 고음질의 디지털 사운드가 귀청을 울린다. 온갖 정보가 쇄도하고 스팸메일이 기습한다. 트위터는 지저귀고 카톡은 재잘거린다. 정보의 포식으로 눈과 귀는 피곤하고 손은 분주하다. 요컨대 디지털시대 인간은 "정신이 산만한 시험관"(발터 벤야민)이다. 동시에 SP는 '순간 집중력'을 훈육한다. 거리에서, 지하철 안에서, 수업시간에 새끼손톱보다 작은 자판을 정확하고 집요하게 두드리는 고도의 주의력을 보라. 산만한 집중! 이 모순적 정신상태가 현대인의 자화상이다. 여기서 문제는, 단순한 번잡함이 창조적 상상력을 잉태하지 못하고, 찰나의 집중이 진득한 성찰로 이어지기 어렵다는 것이다. 컷컷컷! 신속하게 다음 장면으로 질주하는 조건반사적 인지모듈이 자기반성적 독서 체험을 교란하고 있다.

둘째, SP는 소통을 촉진하면서 소통을 방해한다. SP는 시공간의 제약 없이 주체와 타자를 수평적으로 연계한다. SNS의 광장에서 SP가 갖는 사회적 영향력과 문화적 파급력을 보라. 하지만 개인을 단자로 소외시킬 위험성도 다분하다. SP만 곁에 있으면 외로움을 느낄 틈조차 없다. 또한 느닷없이 울리는 벨소리와 알림음은 면대면 의사소통의 리듬을 무시로 끊는다. 강의실 책상 밑에서 SP 위를 기민하게 유영하는 손가락은 교수와 학생 사이에 '딴전의 장벽'을 쌓는다. 내가 가상의 존재와 대화하기 위해 잠깐 SP를 보는 순간, 내 앞에 엄연히 실존하는 파트너와의 관계는 일시 중단된다. 소통의 과잉이 소통의 정체를 양산하는 꼴이다. 점점이 흩어진 사람들을 광적인 속도로 네트워킹하는 SP가 동시에 인간관계의 단절을 낳는 이상한 가역반응!

셋째, SP는 '메시지'이자 '마사지'이다. 매체철학자 마샬 맥루한이 옳았다. 이제 SP는 메시지를 전달하는 수단을 넘어 메시지 그 자체이다. SP는 정보의 콘텐츠가 수집, 분석, 저장되는 지각의 연장, 즉 제2의 자아로 승격된 것이다. 그래서일까. SP 이용자는 자기 자신을 경영하는 기업가의 하비투스를 내면화한다. SP는 후기 자본주의 이데올로기 전도사인 것이다. 또한 SP는 현대소비사회의 욕망이 집적된 물신(物神)이다. 연인을 애무하듯 매 순간 스타카토 주법으로 톡톡쓱쓱! 나는 두드린다, 고로 존재한다(Tactus, ergo sum). 바야흐로 촉각이 사유에 선행하고 속도가 본질을 규정하는 감각의 제국이 도래했다. 싫든 좋든, 똘똘한 폰이 왔다.

류신, 「나는 두드린다 고로 존재한다」, 『중대신문』, 2012. 3. 25.

2) 해설형 구조

다보스는 아름다운 곳이다. 녹음의 여름도, 빙설의 겨울도 다 멋지다. 그래도 제철은 겨울이다. 이맘때 최저 기온이 영하 5도쯤 된다. 밤마다 함박눈이 내린다. 알프스 계곡에 파묻혀 포근하다. 겨울 스포츠의 낙원인 이유다.

해마다 그 아름다운 곳, 좋은 계절에 세계에서 가장 힘세고 부자인 사람들이 모인다. 세계경제를 어떻게 끌어가야 할지 의견을 모으기 위해서다. 그런데 올해 뜻밖의 손님이 그곳을 찾았다. 교황의 편지를 지닌 사절이다.

교황은 힘세고 부자인 사람들에게 약하고 가난한 사람들을 생각하라고 호소했다. 경쟁에서 뒤처진 이들과 함께 가야 자본주의가 고귀한 소명에 다다를 수 있다고 했다. 그렇게 하지 않아 나중에 후회할 일을 만들지 말라는 경고 아닌 경고도 했다.

다보스는 아름다운 휴양지다. 약하고 가난한 사람을 떠올리기란 쉽지 않은 곳이다. 가뜩이나 떠받들리는 사람들이 모여 서로를 추어주는 분위기 속에선 더욱 그렇다. 과연 교황 얘기에 뜨끔한 사람이 있었을까.

생각하자니 문득 겹치는 옛 얘기가 있다. 당나라 시인 백낙천이 항저우 자사로 부임해서 당대 고승인 도림선사를 찾았다. '새둥지 스님'이라는 별명답게 노송 위에서 좌선하고 있었다. "스님, 나무에서 떨어질까 두렵습니다." "위험한 건 자넬세." "저야 높은 벼슬에 두 발을 땅에 딛고 있는데 뭐가 위험합니까?" "티끌 같은 지식으로 교만함만 늘고 번뇌와 탐욕이 쉬지 않으니 어찌 위험하지 않겠나."

샐쭉한 백낙천이 다시 물었다. "불교란 무엇입니까?" "나쁜 짓 하지 말고 착한 일 하라는 거야." 거창한 법문을 기대했던 백낙천은 실망했다. "그거야 세 살 먹은 아이도 알 수 있는 거 아닙니까?" 돌아서는 백낙천의 뒤통수에 선사의 한마디가 비수처럼 꽂혔다. "세 살 먹은 아이도 알기는 쉽지만, 팔십 먹은 늙은이도 행하기는 어려우니라."

역시 진리란 동서고금, 종교가 따로 없는 법이다. 오늘날 로마 교황의 얘기가 곧 1,200년 전 불교 선사가 했던 말 아닌가. 아무리 과학 기술의 진보가 세상을 하나로 만들었어도, 아무리 경제 사회 시스템이 고도화됐어도 그것을 망치는 건 결국 인간의 탐욕이란 얘기다. 하나 되고 고도화됐기에 탐욕은 더 위험한 게 됐다. 오늘날처럼 힘센 자와 약한 자의 정치적 거리가 가까워지고, 부자와 가난뱅이의 경제적 거리가 멀어진 때가 있었던가. 교황과 선사의 경고가 임계점에 이르고 있다는 말이다.

글로벌 금융 위기를 겪으며 자본주의는 고장 난 시스템에 대한 자기 반성이 있는 듯했다. 하지만 세계 경제 회복세와 함께 옛 분위기로 돌아가는 느낌이다. 교황 편지에 울림이 있으면 좋으련만, 팔십 노인에게도

> 어려운 일이 30년 남짓한 모임에는 애초부터 기대난일지도 모르겠다.
>
> 이훈범, 「교황의 목소리 다보스에 울리다. 고장 난 자본주의 시스템이 답할 차례」, 『중앙일보』, 2014. 1. 24.

활동 문제

수정된 개요 카드 가운데 본문에 해당되는 부분이 어떤 기준으로 배치되었는지 설명해 보자. 세 가지 근거가 어떤 기준으로 나열되었는지 일관되게 설명을 할 수 있도록 해 보자.

근거 1, 2, 3의 핵심 내용과 각 근거의 배열 기준

3. 마무리 쓰기

도입부를 통해 독자가 글에 대한 관심을 가지게 되었다면 마무리를 통해 독자의 주제에 대한 관심을 필자가 전달하고자 하는 방향으로 이끌어 내야 한다. 특히 우리가 연습하고 있는 주장하는 글의 경우에는 독자를 설득하는 것을 주된 목표로 하기 때문에 마무리를 통해 독자를 설득할 수 있도록 해야 한다. 이를 위해 앞서 본문에서 언급한 내용을 정리하여 자신의 주장을 강화하는 것도 의미가 있을 것이다. 하지만 독자를 설득한다는 것은 단

지 논리에 입각한 것만은 아니다. 본문에서 논리적으로 설득의 근거를 제시했다면 마무리에서는 정서적으로 독자를 이끌어내는 전략도 필요할 것으로 본다. 다만, 명심해야 할 것은 마무리에서 앞서 언급하지 않은 새로운 화제나 주제에 대해 언급하는 것은 부적절하다는 것이다. 여기서는 마무리의 기능에 따른 사례를 몇 가지 소개하고자 한다

마무리의 방식

① 본문에서 언급한 내용을 정리한다.
② 본문의 내용과 관련하여 독자에게 강한 인상을 심어 준다.
③ 본문의 내용과 관련하여 독자에게 여운을 남긴다.

1) 본문에서 언급한 내용을 정리하는 마무리

일반적으로 가장 무난한 것으로 알려진 마무리 쓰기의 기법이다. 전반적인 내용을 요약하며 제시하되, 지나치게 세부적인 사항까지 요약함으로써 본문의 내용이 반복된다는 느낌을 주어서는 안 된다.

> 요컨대, 서로 다른 두 개체의 발전은 서로 융합되는 데 있지 않다. 오히려 두 개체가 각자의 독자적 성질을 유지하고 그 상태에서 주체적 수용이 일어날 때에 더 발전해 왔다. 그러나 지금의 인디 음악가의 주류 시장 진출은 주체적 수용과는 거리가 멀다. 인디 음악가들은 인디 무대에 있을 때 아름답다. 인디 문화는 인디 무대에 남아야 한다.
>
> 정윤환, 노어학과 09학번, 학생의 글을 일부 수정하여 인용.

2) 독자에게 강한 인상을 심어 주는 마무리

본문을 통해 다양한 관점에서 필자의 견해가 타당함을 보였다면 마무리에서는 이것이 진정 믿을 만한 것임을 각인시키는 것 또한 글쓰기의 전략 가운데 하나이다. 이를 위해 필자의 주장을 강하게 선언할 수도 있고, 문제 상황을 타개할 수 있는 선명한 대안 또는 방향을 언급할 수도 있다.

> 국가 기구가 학문 평가의 표준을 만들어 학문과 비학문을 나누는 현실은 부조리하다. 인문학은 역사적으로 볼 때, 끊임없이 국가 기구가 구획한 제도에서 이탈했다. 이런 국가 기구의 평가 시스템을 인문학이 수용한다면 학문의 자유는 더욱더 어려운 지경에 놓일 수도 있다. 국가 기구의 경제적 지원에 의지해야만 존속할 수 있는 학문은 생각하는 것만으로도 끔찍하다. 그런 사회에서 인문학은 도서관의 고서고에 안장될 수밖에 없고, 그 사회 구성원의 정신세계 또한 박물관의 유물처럼 박제될 것이다.
>
> 오창은, 「인문학 위기의 진실들」, 『절망의 인문학』, 이매진, 2013, 18쪽.

3) 독자에게 여운을 남기는 마무리

독자가 한 편의 글을 읽는 시간 동안 필자의 견해에 동의를 이루는 것이 쉽지 않은 경우가 적지 않다. 따라서 필자는 본문에서 자신의 주장을 강하게 드러내고 마무리에서 독자가 더 생각할 여지를 남겨 두는 것이 필요하다. 생각해 볼 만한 문제를 던지거나 문제 상황을 극적으로 제시하는 것이 하나의 방법이다.

> 쓸모가 가치 기준이 될 수 없는 시를 공부하기를 참 잘했다는 생각

을 나는 요즘 종종 한다. 쓸모와는 상관없이 고유의 가치를 인정받을 수 있는 세계, 하나의 정답을 요구하지 않는 세계, 딱딱해진 몸을 유연한 몸으로 바꿔 줄 수 있는 세계. 나는 내 강의실이 그런 세계를 열어 주는 통로가 되기를 바란다. 길들여진 감각으로는 좀처럼 인지하기 힘들지만 분명히 존재하는 다른 세계와 다른 가치를 인정하고 대면할 줄 아는 뜨거운 가슴과 차가운 머리와 빛나는 눈을 가진 청춘들을 만나고 싶다. '사막이 되지 않기 위해' 나는, 우리는, 무엇을 할 수 있을까?

이경수, 「쓸모가 아닌 다른 가치를 꿈꾸는 강의실」, 『중대신문』, 2013. 4. 7.

활동 문제

1. 개요 카드에서 마무리에 해당하는 한 장의 문장 카드를 확장하여 마무리를 작성해 보자. 이때 마무리가 어떤 역할을 하도록 할 것인지 분명하게 계획하고 작성해 보자.

2. 앞서 작성한 도입부와 마무리를 활용하여 본문을 포함한 완성된 한 편의 글을 작성해 보자. 그리고 이에 대한 독자의 피드백을 받아 보자.

4장

고쳐쓰기

사람마다 글을 쓰는 유형이 다양할 수 있겠지만, 크게 보면 두 가지 유형으로 대별된다. 하나는 한 단어 한 단어, 한 문장 한 문장을 심사숙고하며 글을 써 내려가는 유형이다. 다른 하나는 일단 일사천리로 글을 적어 낸 후 여러 차례 글을 고치고 또 고치는 유형이다. 많은 사람들이 대체로 후자의 방식, 즉 일단 빨리 작성한 후에 수정을 거듭하는 방식을 사용한다. 이러한 유형의 글쓰기에서는 고쳐쓰기가 매우 중요하다. 여기서는 '구상하기-표현하기-고쳐쓰기'라는 글쓰기의 3단계 가운데 '고쳐쓰기' 단계를 함께 연습해 보기로 한다.

글쓰기에서 '고쳐쓰기'는 마지막 단계이다. 그러나 앞서 여러 차례 강조한 것처럼 글쓰기에서 구상하기, 표현하기, 고쳐쓰기라는 세 가지 유형의 작업은 단선적으로 나타나지 않으며, 더구나 각각은 일회적인 작업도 아니다. 여러 유형의 작업이 복합적으로 발생하기도 하며, 반복적으로 나타나기도 한다. 글을 쓰는 과정을 대략적으로 도식화하자면, 구상하기, 표현하기, 고쳐쓰기의 세 단계로 구분할 수 있으나, 실제로는 이 세 유형의 과정이 순환적으로 이루어진다. 이 단원에서는 고쳐쓰기 작업을 할 때 염두에 두어야 할 점, 고쳐쓰기의 원칙, 고쳐쓰기의 과정을 중심으로 이론적인 내용을 살펴보고, 이를 바탕으로 자신의 글을 고쳐쓰기 하는 연습을 해 본다. 이 과정에서 앞서 제시한 문장 개요 카드를 초고로 작성하고, 고쳐쓰기 작업을 거친 후의 결과도 제시하기로 한다.

1. 고쳐쓰기에서 염두에 둘 점

다음의 사항을 염두에 두고 고쳐쓰기 작업을 진행한다면 좀 더 효율적인 고쳐쓰기 작업이 될 수 있다.

① 자신이 쓴 초고에는 부족한 점이 있다.
② 더 나은 글을 쓰기 위해 두려움 없이 다른 사람에게 초고를 보여야 한다.
③ 본인 역시 자신이 쓴 글에 대한 중요한 조언자가 될 수 있어야 한다.

먼저, ①의 내용을 살펴보자. 고쳐쓰기를 할 때에는 자신이 쓴 초고에 부족한 점이 있을 것이라는 마음을 가질 필요가 있다. 사람들은 경우에 따라 자신이 만든 것에 대한 과신으로 그것을 좀 더 나은 상태로 만들 수 있는 기회를 잃기도 한다. 그러나 초고는 그야말로 초고(草稿, 거친 풀을 그저 엮어 놓은 정도의 원고)일 뿐이다. 변화의 가능성이 있으며, 꼼꼼한 고쳐쓰기를 통해 좀 더 긍정적인 방향으로 변화될 수 있다. 겸허한 마음으로 자신이 쓴 초고가 가진 문제점을 지적하고 개선하는 노력이 필요하다.

다음으로, ②의 내용을 들여다보자. 고쳐쓰기 작업을 위해서는 다른 사람에게 초고를 보이는 것을 두려워하지 말아야 한다. 사람은 누구나 자신이 만들어 낸 좀 더 완성된 형태의 성과를 다른 사람에게 보이고 싶어 한다. 글의 경우도 초고를 다른 사람에게 보이는 것을 꺼려하는 경향이 있다. 하지만 다른 사람의 눈은 내 글을 다듬는 데 매우 중요한 역할을 한다. 만약 초고를 고쳐 쓰기 전에 다른 사람에게 자신이 쓴 초고를 보일 기회가 있다면 기꺼이 그 기회를 활용하여 피드백을 받을 필요가 있다.

마지막으로, ③의 내용을 살펴보자. 효율적인 고쳐쓰기를 위해서는 자기 자신도 자신이 쓴 글의 독자가 될 수 있다는 점, 그리고 더 나아가 자신이 쓴 글에 대한 중요한 조언자가 될 수 있다는 점을 기억해야 한다. 사람은 어떤 대상에 대한 평가를 하는 데 있어 그 대상과 자신의 관계를 어떻게 설정하는가에 따라 평가의 결과가 다르게 나타날 수 있다. 글을 고쳐 쓰는 과정에서는 자신이 쓴 초고와 자신 사이에 거리를 두고 좀 더 객관적인 관점에서 자신의 초고를 바라볼 필요가 있다. 만약 그런 관점을 가지고 자신의 글을 평가해 가며 글을 고쳐 써 나간다면 좀 더 공정하게, 그리고 좀 더 효과적으로 글을 다듬을 수 있을 것이다.

2. 고쳐쓰기의 원칙

고쳐쓰기에 몇 가지 원칙이 있다는 점을 기억한다면 좀 더 효과적으로 고쳐쓰기 작업을 진행할 수 있다. 주로 네 가지 원칙으로 제시해 볼 수 있는

데, 첨가, 삭제, 대체, 재배열의 원칙이 그것이다.

1) 첨가의 원칙

첨가는 추가로 써 넣는 것을 의미한다. 논의 전개에 있어 내용의 측면에서 불충분하거나 미진하게 기술된 부분 또는 구성의 측면에서 논의 자체가 비약이 있는 부분은 추가로 기술해야 한다. 더불어 꼭 필요한 표현을 추가로 기술하는 것도 필요하다.

2) 삭제의 원칙

삭제는 불필요하거나 중복된 것을 지우는 것을 말한다. 내용, 구성, 표현의 각 측면에서 중복되거나 불필요한 부분은 과감하게 삭제해야 한다. 특히, 글쓰기 초보자의 경우 글의 분량에 대한 부담이 커서 초고를 작성할 때 오히려 글이 길어지는 경향이 있는데 일단 써 놓은 것을 아까워하지 말아야 한다.

3) 대체의 원칙

대체는 다듬는 것이다. 처음 기술한 것에 대한 교체이다. 구성상 논의 전개가 어색한 부분을 조정해야 하며, 내용이나 표현이 적절한지 살펴 부자연스럽거나 적당하지 않은 부분은 다르게 써야 한다. 초보자들의 경우 초고의 상당 부분을 지워 버리고 새로 작성하려는 모습을 볼 수 있는데, 그러한 방식은 효율적이지 않으므로 초고를 최대한 활용해야 한다.

4) 재배열의 원칙

전체 글을 구성하는 각 요소가 다른 방식으로 배열되기만 해도 글의 흐름이 좋아지기도 한다. 단락과 단락의 배열, 문장과 문장의 배열에 대해 꼼꼼히 검토할 필요가 있다.

3. 고쳐쓰기의 과정

먼저, 초고를 고쳐 쓰는 단계에서는 한 번에 모든 것을 다 고쳐 내려 하지 말아야 한다. 여러 차례 반복하여 고쳐쓰기를 하는 것이 좋다. 다만, 여러 차례 고쳐쓰기를 할 때는 각 차례에서 어떤 부분을 중점적으로 검토할 것인지에 대한 분명한 계획이 있어야 한다. 막연히 다 고치자는 생각을 가진다면 그 어떤 요소도 제대로 고쳐 쓰지 못하게 될 위험이 있다.

다음으로, 고쳐쓰기를 하기 위해서 검토할 영역을 넓은 영역에서 좀 더 좁은 영역으로 순차적으로 좁혀 나갈 필요가 있다. 큰 틀에서의 고쳐쓰기를 한 후에야 비로소 세부적인 내용들에 대한 고쳐쓰기가 가능하기 때문이다. 가령, 세부적인 철자법을 수정한 후에 큰 틀에서의 구성을 바꾸는 방식을 생각해 보자. 만약 이런 방식으로 고쳐쓰기를 한다면 글의 구성이 바뀐 이후에 이에 연동되어 문장 표현이 달라지고, 사용 어휘가 달라진다. 그 결과 또 다시 철자법을 세세하게 검토해야 할 상황이 된다.

이상의 두 가지를 종합해 본다면, 고쳐쓰기의 과정은 다음과 같이 검토 영역을 좁혀 가며 여러 차례 이루어지는 과정이라고 할 수 있다. 다음은 다섯 단계에 걸친 고쳐쓰기 과정과 각 단계에서 던져야 할 질문들이다.

1차 고쳐쓰기: 전체적인 흐름에 대한 검토

- 필자의 주장이 잘 드러나 있나?
- 글의 전반적인 흐름이 자연스러운가?

↓

2차 고쳐쓰기: 단락(단락 간, 단락 내)에 대한 검토

- 단락별 주제가 명료한가?
- 단락의 기능이 명확한가?
- 필자의 견해를 지지하는 근거가 주장하는 바와 관련성이 있나?
- 제시된 근거 각각은 주장하는 바를 지지할 수 있을 정도로 타당성이 있나?
- 각 단락은 주제를 중심으로 적절히 배치되어 있나?

↓

3차 고쳐쓰기: 표현(문장, 어휘)에 대한 검토

- 비문이나 어색한 표현이 있나?
- 애매하거나 모호한 표현이 있나?

↓

4차 고쳐쓰기: 정서법에 대한 검토

- 철자법, 띄어쓰기를 잘 지키고 있나?
- 문장부호를 적절히 사용하였나?

↓

5차 고쳐쓰기: 종합적인 검토

- 이전 단계에서 검토된 내용이 잘 수정되었나?
- 글 전체의 페이지 구성, 단락 구분 방식 등이 눈에 잘 들어오게 되어 있나?

4. 고쳐쓰기의 실제

앞서 문장 카드 형식의 개요의 예시를 살펴본 바 있다. 여기서는 그 글에 대한 초고와 그것을 검토한 후 고쳐쓰기를 한 글을 참고 자료로 활용한다. 다음은 문장 카드 형식의 개요를 바탕으로 완성한 초고의 예시이다. 문장 개요 카드의 내용들을 중심으로 문장의 연결을 고려하여 초고를 작성하였다.

예시

얼마 전 친구가 인스타그램에 낡고 오래된 여관 사진 앞에서 기념촬영을 한 사진을 올려서 한참을 들여다봤다. 영문을 몰랐던 나는 다른 사람들의 댓글을 보고 나서야 그곳이 요즘 인기 있는 익선동의 한 카페라는 사실을 알게 되었다. 이처럼 오래된 골목이나 상점을 개조한 장소가 젊은 사람들에게 큰 인기를 끌고 있다. 나는 이런 복고 유행이 새삼 흥미롭게 느껴진다. 요즘 젊은 사람들은 왜 낡고 오래된 것을 오히려 새로운 것으로 받아들이게 되었을까? 뉴트로가 유행하게 된 이유는 무엇일까?

지금의 소비 사회는 낡은 물건의 희소가치가 새 물건에 비해 높다. 생산 활동이 활발하지 않았던 과거에는 새것이 희소가치를 지녔던 것에 비해, 오늘날에는 값싼 새 물건들이 매일매일 우리의 일상을 차지하게 되었다. 요즘 사람들은 물건이 낡기 전에 또 다른 새로운 물건으로 기존의 것을 대체하는 것에 익숙하다. 최근 등장한 '패스트 패션'은 이러한 세태를 잘 보여 준다.

급속한 유행의 변화는 견고하고 오래가는 질 높은 물건을 생산하지 않는 제조 풍토를 만든다. 예전에는 얼마나 견고하고 좋은 재질의 물건이냐에 따라 값이 매겨졌지만, 지금은 브랜드나 디자인과 같은 부수적으로 여겨졌던 요소에 따라 물건 값이 크게 달라진 것이다. 견고함은 소비자가 고려하는 우선순위에서 밀려난 지 오래인 것이다. 우리 집에도 아주 오래전에 산 가방들이 여전히 튼튼한 상태로 내 옷장 구성을 지키고 있다.

사람들은 낡은 물건, 촌스러운 감성을 소비하면서 지금보다 정겹던 과거를 향수하려고 한다. 뉴트로 열풍을 따르는 사람들은 옛것 그 자체가 아니라 그것이 담고 있는 추억을 다시 떠올리고 향수를 소비한다. 지금도 오렌지 주스 병을 보면 나는 냉장고에서 그 주스 병에 든 보리차를 따르다가 와장창 유리병을 깨뜨려 혼쭐이 났던 어린 시절이 떠오른다.

나처럼 어린 시절의 추억이 없는 사람도 낡음 자체가 좋아 뉴트로에 빠져들 수도 있다. 어린 시절 낡은 전축으로 음악을 들어 본 적이 없는 20대도 LP판의 매력에 빠져들기도 한다. 요즘 불고 있는 복고의 유행은 고전적이면서도 새롭다. 세대마다 다른 이유로 낡은 것에 빠져들기 때문이다. 같은 공간에서 음악을 들으면서 이십대는 LP판의 노이즈에서 새로움을 느끼고, 50대는 대학 시절을 추억할 것이다. 서로 다른 세대가 함께 공감하는 문화는 뜻깊다.

이 글은 전체적으로 봤을 때 필자의 의견이 잘 드러나 있으며 글의 전반적인 흐름도 자연스럽다. 단락별 주제도 명료하고, 단락의 기능도 분명한 편이다. 다만, 몇 가지 부분에서는 수정이 필요해 보인다.

첫째, 이 글은 단락과 단락 사이의 연결이 다소 자연스럽지 않다. 적절한 연결어를 사용하여 문장과 문장, 문단과 문단을 적절히 이어 주려는 노력이 필요하다.

둘째, 세부적인 문장 표현의 측면에서 "요즘 젊은 사람들은 왜 낡고 오래된 것을 오히려 새로운 것으로 받아들이게 되었을까? 뉴트로가 유행하게 된 이유는 무엇일까?"라는 의문형 문장이 반복되어서 지루함을 준다. 글에서 물음을 던지는 것은 독자에게 흥미를 가져다주는 좋은 방법이지만 반복적으로 나타나면 피로감을 준다.

셋째, 핵심어에 대한 소개가 부족하다. 먼저, '뉴트로'나 '패스트 패션'은 최근에 많은 사람들이 사용하는 용어이기는 하지만 구체적인 개념을 설명해 준다면 더욱 좋다. 이는 필자가 자신의 스키마와 독자의 스키마의 공유 영역이 어느 정도인지에 대해 깊이 생각지 못한 결과이다. 필자에게는 익숙한 용어도 독자에게는 생소할 수도 있고 독자가 그에 대한 깊은 지식을 가지고 있지 않을 수도 있다. 그렇게 본다면 첫 번째 단락에서 이에 대한 보완이 필요해 보인다.

넷째, 어휘의 측면에서도 다양함이 필요하다. 이 글에서는 '~인 것이다.'라는 표현을 서술어로 빈번하게 사용하고 있다. 동일한 서술어는 글을 단조롭게 하고 글의 읽는 재미를 떨어뜨린다. 서술어의 다양성은 필자의 어휘력을 드러내는 좋은 수단이며 글을 풍성하게 해 주는 중요한 요소이므로 퇴고에서 특히 유의하여 수정할 필요가 있다.

다음은 초고의 내용에 대해 전체적으로 고쳐쓰기를 한 작성 예시이다.

예시

뉴트로(newtro), 너와 나의 연결고리

얼마 전 친구가 인스타그램에 낡고 오래된 여관 사진 앞에서 기념촬영을 한 사진을 올려서 한참을 들여다봤다. 영문을 몰랐던 나는 다른 사람들의 댓글을 보고 나서야 그곳이 요즘 인기 있는 익선동의 한 카페라는 사실을 알게 되었다. 이처럼 오래된 골목이나 상점을 개조한 장소가 젊은 사람들에게 큰 인기를 끌고 있다. 나는 이런 복고 유행이 새삼 흥미롭게 느껴진다. 요즘 젊은 사람들은 왜 낡고 오래된 것을 오히려 새로운 것으로 받아들이게 되었을까? 나는 젊은 세대를 사로잡은 새로운 복고, 뉴트로(new+retro)가 유행하게 된 이유가 무엇인지 생각해 보았다.

지금의 소비 사회는 낡은 물건의 희소가치가 새 물건에 비해 높다. 생산 활동이 활발하지 않았던 과거에는 새것이 희소가치를 지녔던 것에 비해, 오늘날에는 값싼 새 물건들이 매일매일 우리의 일상을 차지하게 되었다. 스마트폰을 통한 온라인 구매는 소비 일상화의 일등공신이다. 요즘 사람들은 물건이 낡기 전에 또 다른 새로운 물건으로 기존의 것을 대체하는 것에 익숙하다. 최근 등장한 '패스트 패션(fast fashion)'은 이러한 세태를 잘 보여 준다. 유행의 교체가 급격히 빨라지면서 사람들은 더 이상 작년에 입던 옷을 올해 다시 입으려고 하지 않게 되었다.

급속한 유행의 변화는 견고하고 오래가는, 질 높은 물건을 생산하지 않는 제조 풍토를 만들게 되었다. 예전에는 얼마나 견고하고 좋은 재질의 물건이냐에 따라 값이 매겨졌지만, 지금은 브랜드나 디자인과 같은 부수적으로 여겨졌던 요소에 따라 물건 값이 크게 달라진다. 견고함은 소비자가 고려하는 우선순위에서 밀려난 지 오래다. 우리 집에도 아주 오래전에 산 가방들이 여전히 튼튼한 상태로 내 옷장 구석을 지키고 있다.

무엇보다 사람들은 낡은 물건, 촌스러운 감성을 소비하면서 지금보다 정겹던 과거를 향수하려고 한다. 뉴트로 열풍을 따르는 사람들은 옛것 그 자체가 아니라 그것이 담고 있는 추억을 다시 떠올리고 향수를 소비한다. 지금도 오렌지 주스 병을 보면 나는 냉장고에서 그 주스 병에 든 보리차를 따르다가 와장창 유리병을 깨뜨려 혼쭐이 났던 어린 시절이 떠오른다. 나에게 〈응답하라〉 시리즈는 단순한 드라마가 아니라 과거의 나를 만나게 해 주는 타임머신이다.

물론 나처럼 어린 시절의 추억이 없는 사람도 '낡음' 자체가 좋아 뉴트로에 빠져들 수도 있다. 어린 시절 낡은 전축으로 음악을 들어 본 적이 없는 20대가 LP판의 매력에 빠져들기도 한다. 이렇듯 요즘 불고 있는 복고의 유행은 고전적이면서도 새롭다. 세대마다 다른 이유로 낡고 오래된 감성에 빠져들기 때문이다. 같은 공간에서 음악을 들으면서 20대는 LP판의 노이즈에서 새로움을 느끼고, 50대는 대학 시절 학교 앞 음악다방을 추억할 것이다. 서로 다른 세대가 함께 공감하는 '뉴트로'는 이래서 더욱 뜻깊다.

활동 문제

자신의 초고를 고쳐 써 보자. 단, 무엇을 고쳤는지 기록해 보기로 하자. 초고에 대한 고쳐쓰기 작업을 마친 후 자신이 수정한 내역을 내용, 구성, 표현, 논리의 측면으로 나누어 정리해 보자.

구분	문장 카드 → 초고	초고 → 완성고
전체 구성		
단락 내용		
문장 어휘 표현		
기타		

3부

유형별 글쓰기 활동의 이론과 실제

자기서사 쓰기

이력서와 자기소개서 쓰기

칼럼 쓰기

서평 쓰기

문화 비평 쓰기

1장

자기서사 쓰기

1. 자기서사란 무엇인가

대학 글쓰기 교육에서 '자신의 삶'을 대상으로 하는 글쓰기 양식은 자서전적 글쓰기, 자기표현적 글쓰기, 자기소개서 글쓰기, 자아정체성 글쓰기, 자기서사 글쓰기, 문학치료적 글쓰기 등의 용어들로 소개되고 있다. 이 중에서 우리 교재는 '자기서사 글쓰기'라는 용어를 사용하고자 한다.

자서전은 인생 전체를 달관한 연륜을 지닌 사람이 삶 전체를 관통해서 자신을 증명하는 목적으로 쓰는 글쓰기라는 인식이 강하고, 성찰적 글쓰기는 어딘지 모르게 반성이 강요되는 느낌을 준다. 또한, 자아정체성 글쓰기는 이제 막 성인기에 들어선 학생들에게 아무래도 부담감을 주는 측면이 있다. 따라서 우리 책에서는 '자기서사 글쓰기'라는 문예 형식을 통하여, '자기'에 관한 넓은 범위의 이야기들을 모두 아우르는 활동을 해 보기로 하자.

자기서사를 통해 우리는 자신에 관한 어떠한 이야기든 두루 다룰 수 있으며, 마음껏 표현해 볼 수 있는 자유를 얻을 수 있다. 또한 대학교에 갓 입학한 신입생들이 과거의 자신을 성찰하고 미래의 삶을 계획하는 데 좋은 계기가 되어 줄 것으로 기대한다. 현재 시점에서 이제껏 반추해 보지 못했던 나의 지나온 과거를 살피고, 자신의 현재 모습을 인식하고, 성인으로서 당당히 미래를 향해 걸어 나가가는 자신의 모습을 자유롭게 써 보는 작업. 이것이 바로 자기서사 글쓰기라는 점을 염두에 두면 좋겠다.

자기서사를 앞두고 글쓰기가 어렵게 느껴지는 학생들이 있다면, 여러분은 이미 오래전부터 자기서사 글쓰기에 끊임없이 도전해 왔었다는 점을 상기시켜 주고 싶다. 초등학교 무렵에 매일 썼던 '일기' 역시 일종의 나의 이야기를 쓰는 자기서사 글쓰기 활동이었다.

> 1943년 6월 20일 토요일
>
> 나는 왜 외톨이라고 느끼는 걸까?
>
> 생각해 보면 나 같은 여자아이가 일기를 쓴다는 것은 참 희한한 일입니다. 지금까지 써본 적도 없을 뿐만 아니라, 나도 그렇고 다른 사람들도 그렇고 열세 살 난 여학생 따위가 마음속을 털어놓은 일기에 대해 흥미를 느낄 리가 없기 때문입니다. 하지만 그래도 상관없습니다. 나는 쓰고 싶습니다. 아니, 그뿐만이 아니고 마음속에 묻어 두었던 것을 몽땅 털어놓고 싶습니다.
>
> "종이는 인간보다 더 잘 참고 견딘다."라는 옛말이 있습니다. 이 말이 문득 생각난 것은 마음이 좀 울적했던 어느 날 집 밖에 나가 놀까, 아니면 집안에 틀어박혀 있을까를 결정하는 일조차 귀찮아서, 그저 멍청히 턱을 괴고 앉아 있을 때였습니다.

'그래, 맞았어. 종이가 잘 참고 견디는 건 확실해. 게다가 눈에 잘 띄게 일기라고 찍힌 두꺼운 표지의 노트에 적힌 내용은, 상대가 남자든 여자든 진정한 친구를 찾을 때까지는 아무에게도 보여 주지 않을 거니까, 여기에다 무엇을 쓰든 눈여겨볼 사람은 없을 거야.'라는 생각을 했습니다.

드디어 문제의 핵심, 내가 왜 일기를 쓰기 시작했는가에 대해서 말할 차례인데, 그건 한마디로 말해서 마음을 털어놓을 만한 참다운 친구가 나에게는 없기 때문입니다.

(중략) 주변의 그저 그렇고 그런 일 말고는 아무에게도 얘기하고 싶지 않으니 아무래도 서로 더 이상 가까워지는 건 무리인 것 같습니다. 그것이 문제의 핵심입니다. 어쩌면 내게 남을 신뢰하는 마음이 부족한 탓인지도 모르겠습니다. 그렇다고 해도 그건 엄연한 사실이며, 달리 뾰족한 수도 없는 것 같습니다. 그래서 일기를 쓰기로 한 겁니다.

오랫동안 기다리고 바라던 이 친구의 모습이 내 마음의 눈에 한층 빛나 보이도록, 보통 사람들처럼 일기 속에 진솔한 사실을 쭉 늘어놓지는 않을 생각이지만, 그래도 이 일기장을 마음의 친구로 삼아 앞으로 내 친구 '키티'라고 부르겠어요.

(중략) 1940년 5월부터는 급한 비탈길을 굴러 내려오듯이 사태가 빠른 속도로 악화되어 갔습니다. 전쟁이 터지고 네덜란드는 곧 항복을 하고 이어서 독일군이 진주. 우리 유대인에게 바야흐로 진짜 고난의 시대가 시작된 것은 이때부터입니다. 유대인 탄압을 위한 법령이 잇달아 공포됐고, 우리는 점점 자유를 빼앗겼습니다.

유대인은 노란 별표(다윗의 별표)를 달아야 한다. 유대인은 자전거를 관청에 바쳐야 한다. 유대인은 전차를 타서는 안 되며, 자가용이 있어도

차를 써서는 안 된다. 유대인은 오후 3시부터 5시 사이에만 쇼핑할 수 있다. 유대인은 유대인 이발관에만 가야 한다. 유대인은 밤 8시부터 이튿날 아침 6시까지 집 밖으로 한 발짝도 나갈 수 없다. 유대인은 극장이나 영화관, 그 밖의 오락 시설에 들어가지 못한다. 유대인은 수영장, 테니스 코트, 축구 경기장이나 그 밖의 스포츠 시설에 들어가서는 안 된다. 유대인은 보트 놀이를 해서는 안 된다. 유대인은 공공 경기에 참가할 수 없다. 유대인은 밤 8시 이후에는 자택이든 아는 사람의 집이든 뜰에 나와 앉아 있어서는 안 된다. 유대인은 기독교 신자를 방문해서는 안 된다. 유대인은 유대인 학교에만 다녀야 한다.

그 밖에도 이와 비슷한 금지령이 산더미처럼 많아서 이것도 안 된다, 저것도 못한다는 식으로 모든 게 금지되어 있는 실정입니다. 하지만 그렇다고 해서 날마다 살아가는 일을 그만둘 수는 없죠.

(중략) 지금까지 우리 가족 네 사람은 모든 점에서 그런대로 순조롭게 지내온 편입니다. 이제부터는 드디어 현재에 관해서, 1942년 6월 20일자부터 새롭게 일기를 써 나가도록 하겠습니다.

안네 프랑크, 홍경호 옮김, 『안네의 일기』, 문학사상사, 1995, 31~35쪽.

앞의 예문은 1947년에 출간된 유대인 소녀 안네 프랑크(Anne Frank)의 일기이다. 안네와 그녀의 가족들이 암스테르담에서 독일군의 박해를 피해 은신처로 숨어들면서부터 독일군에게 잡히기까지의 생활을 적은 것으로, 사춘기 소녀의 성장 과정과 꿋꿋한 용기를 그리고 있다. 안네의 가족은 히틀러의 유대인 학살을 피해 아버지 오토 프랑크가 운영하던 회사 건물 뒤쪽 공간에 몸을 숨기고 2년을 피해 살았다. 생명의 위협을 느끼면서 감금과 같은 생활을 이어 나가던 안네는 부모님으로부터 선물 받은 일기장에 '키티'라는 이름을 붙여 주고 친구에게 편지를 쓰듯이 매일 자신의 일상과 생각을 꼬박꼬박 적어 나갔다.

팽팽한 긴장감과 압박감, 숨어 지내야 하는 것에서 오는 답답함, 작은 은신처에서의 갈등, 사춘기 소녀로 성장해 가는 모습, 그럼에도 불구하고 희망의 끈을 놓지 않는 의지 등이 일기 안에 고스란히 담겨 있다. 끝내 안네는 나치의 비밀경찰에 의해 발각되어 아우슈비츠에서 삶을 마감했지만, 그녀가 세상을 떠난 이후에도 키티(일기장)는 분신이 되어 그녀의 삶을 증언해 주고 있다. 암담하고 공포스러운 삶 속에서도 안네는 글쓰기라는 행위를 통해 자신을 위로하고 희망을 노래했던 것이다.

일기를 쓰는 행위는 내 삶에 대해 기록하는 행위임과 동시에 나를 발견하고 되돌아보는 기회도 동시에 제공한다. 시간이 흘러 자신이 더욱 성숙한 뒤에도 일기장 속에 존재하는 과거의 나를 다시 대면할 수 있도록 도와주는 '거울'이 되어 주기도 한다. 우리는 누구나 일찌감치 나를 만나는 첫 글쓰기로 '일기'에 도전한 바 있었다. 자신을 비춰 스스로를 드러내는 글쓰기라는 점에서 일기도 크게 보면 자기서사 글쓰기에 포함된다.

이뿐만 아니라, 초등학교 시절에 사소한 일상을 짧게 써 냈던 '생활문'과 주변의 신변잡기 및 철학적 사색까지 담아내는 '수필' 역시 자신의 일상과 생각을 담아낸다는 점에서 모두 자기서사 글쓰기로 볼 수 있다.

> 나는 지난해 여름까지 난초 두 분(盆)을 정성스레, 정말 정성을 다해 길렀었다. 3년 전 거처를 지금의 다래헌(茶來軒)으로 옮겨 왔을 때 어떤 스님이 우리 방으로 보낸 준 것이다. 혼자 사는 거처라 살아 있는 생물이라고는 나하고 그 애들뿐이었다. 그 애들을 위해 관계 서적을 구해다 읽었고, 그애들의 건강을 위해 하이포넥스인가 하는 비료를 구해 오기

도 했었다. 여름철이면 서늘한 그늘을 찾아 자리를 옮겨 주어야 했고, 겨울에는 그 애들을 위해 실내 온도를 내리곤 했다.

이런 정성을 일찍이 부모에게 바쳤더라면 아마 효자 소리를 듣고도 남았을 것이다. 이렇듯 애지중지 가꾼 보람으로 이른 봄이면 은은한 향기와 함께 연둣빛 꽃을 피워 나를 설레게 했고 잎은 초승달처럼 항시 청청했었다. 우리 다래헌을 찾아온 사람마다 싱싱한 난초를 보고 한결같이 좋아라 했다.

지난해 여름 장마가 갠 어느 날 봉선사로 운허노사(耘虛老師)를 뵈러 간 일이 있었다. 한낮이 되자 장마에 갇혔던 햇볕이 눈부시게 쏟아져 내리고 앞 개울물 소리에 어울려 숲속에서는 매미들이 있는 대로 목청을 돋구었다.

아차! 이때서야 문득 생각이 난 것이다. 난초를 뜰에 내놓은 채 온 것이다. 모처럼 보인 찬란한 햇볕이 돌연 원망스러워졌다. 뜨거운 햇볕에 늘어져 있을 난초잎이 눈에 아른거려 더 지체할 수가 없었다. 허둥지둥 그 길로 돌아왔다. 아니나 다를까, 잎은 축 늘어져 있었다. 안타까워하며 샘물을 길어다 축여 주고 했더니 겨우 고개를 들었다. 하지만 어딘지 생생한 기운이 빠져 나간 것 같았다.

나는 이때 온몸으로 그리고 마음속으로 절절히 느끼게 되었다. 집착이 괴로움인 것을, 그렇다 나는 난초에게 너무 집념한 것이다. 이 집착에서 벗어나야겠다고 결심했다. 난을 가꾸면서는 산철[승가(僧家)의 유행기(遊行期)]에도 나그네 길을 떠나지 못한 채 꼼짝을 못했다. 밖에 볼 일이 있어 잠시 방을 비울 때면 환기가 되도록 들창문을 조금 열어 놓아야 했고, 분을 내놓은 채 나가다가 뒤미처 생각하고는 되돌아와 들여놓고 나간 적도 한두 번이 아니었다. 그것은 지독한 집착이었다.

며칠 후, 난초처럼 말이 없는 친구가 놀러 왔기에 선뜻 그의 품에 분을 안겨 주었다. 비로소 나는 얽매임에서 벗어난 것이다. 날아갈 듯 홀가분한 해방감. 3년 가까이 함께 지낸 '유정(有情)'을 떠나보냈는데도 서운하고 허전함보다 홀가분한 마음이 앞섰다.

이때부터 나는 하루 한 가지씩 버려야겠다고 스스로 다짐을 했다. 난을 통해 무소유(無所有)의 의미 같은 걸 터득하게 됐다고나 할까.

인간의 역사는 어떻게 보면 소유사(所有史)처럼 느껴진다. 보다 많은 자기네 몫을 위해 끊임없이 싸우고 있다. 소유욕에는 한정도 없고 휴일도 없다. 그저 하나라도 더 많이 갖고자 하는 일념으로 출렁거리고 있다. 물건만으로는 성에 차질 않아 사람까지 소유하려 든다. 그 사람이 제 뜻대로 되지 않을 경우는 끔찍한 비극도 불사하면서. 제 정신도 갖지 못한 처지에 남을 가지려 하는 것이다.

(중략) 우리들의 소유 관념이 때로는 우리들의 눈을 멀게 한다. 그래서 자기의 분수까지도 돌볼 새 없이 들뜬다. 그러나 우리는 언젠가 한 번은 빈손으로 돌아갈 것이다. 내 이 육신마저 버리고 훌훌히 떠나갈 것이다. 하고 많은 물량일지라도 우리를 어떻게 하지 못할 것이다.

크게 버리는 사람만이 크게 얻을 수 있다는 말이 있다. 물건으로 인해 마음을 상하고 있는 사람들에게는 한 번쯤 생각해 볼 말씀이다. 아무것도 갖지 않을 때 비로소 온 세상을 갖게 된다는 것은 무소유의 또 다른 의미이다.

법정, 『무소유』, 범우사, 1999, 24~27쪽.

앞의 예문에서 법정 스님은 애지중지했던 난을 통해, 인간의 괴로움과 번뇌는 어떠한 것에 집착하고 더 가지려는 소유욕에서 비롯된다는 점을 깨닫는다. 소유욕을 버림으로써 그것보다 더 큰 마음의 평정과 자유를 얻을 수 있었던 자신의 경험을 들려주며, 인간의 소유욕 자체를 늘 경계해야 한다는 교훈으로까지 나아가고 있다. 이처럼 주변의 모든 것들이 소재가 되어, 그것으로부터 나름대로의 의미를 깨우치는 과정을 담아내는 글이 '수필'이다.

그렇다고 해서 『무소유』처럼 꼭 깨달음과 교훈이 있어야 하는 것은 아니다. 그저 일상 속에서 반짝이는 순간을 포착하고, 나의 심경을 노래하고, 그러한 것들이 나에게 주는 정서를 담담하게 써 내려가는 것도 모두 수필에 해당된다. 다만, 수필이 나를 중심에 두고 주변 세계 전부로 관심의 폭을 넓히는 글이라면, 자기서사 글쓰기는 특별히 '나'에게로 모든 초점을 맞춘다는 점이 다르다. 그럼에도 불구하고, 수필이 자신의 체험과 마음에 근거한 글이라는 점에서 자기서사와 상당 부분 유사점을 지니고 있기 때문에 학생들이 종종 혼란스러워하기도 한다. 혹시 이런 학생들이 있다면 굳이 수필과 자기서사를 명확히 구분하려 하지 말고, '나에게 좀 더 집중하는 글쓰기를 쓰겠어.'라는 가벼운 마음으로 펜을 들어 보길 권유한다.

2. 자기서사 쓰기의 방법

우리는 어느 날 갑자기 탄생된 존재가 아니다. 과거의 한 인물, 아주 작은 추억, 커다란 사건, 아름다운 경험들이 유기적으로 뭉쳐서 이루어진 '총체의 산물'이다. 물론 그 기억들은 여러 가지 모습을 가지고 여러분에게 다가올 것이다. 떠올리려고 노력하지만 희미해질 수도 있고, 그 시절을 떠올리기만 해도 마음이 아릿해져 올 수도 있고, 너무나 아름다워 지금까지 힘이 되는 기억일 수도 있다. 그런 오래된 기억들이 지금까지도 커다란 영향력을 미치고 있을지도 모른다.

「무녀도」, 「역마」로 유명한 소설가 김동리 역시 마찬가지였다. 그는 성장 과정에서 큰형에게 커다란 영향을 받았다고 고백한 바 있다.

> 아버지는 아직 집 밖에 계시고, 뜰에는 작은형과 매형이 제사에 쓸 과일을 다듬고 있었고, 백씨는 그들과 더불어 돌아가신 할아버지 이야기를 나누고 있었다.
>
> "할아버지께서는 지금 어떻게 됐을까?"
>
> 매형이 혼잣말같이 물었다.
>
> "사람이 죽으면 별이 된다고 하잖아?"
>
> 작은형이 이렇게 받으며 큰형을 돌아다보았다. 동의를 구하는 얼굴이었다.
>
> 그들 곁에 누워서 하늘을 쳐다보고 있던 나는 누운 채 작은형의 말을 받았다.
>
> "사람이 죽어 별이 된다 카면 저녁마다 별이 많아지겠네. 내 눈에는 저녁마다 별 수가 꼭 같아 뵈던 거로……."
>
> 그러자 큰형이 나를 가리키며
>
> "야도 커머 철학하겠다이" 했다.
>
> 큰형은 일찍이 열두 살에 사서삼경을 떼고, 신동이라 하여 온 경주 고을이 와글대었고 그 뒤로 서울로, 일본으로 다니며 세상에 있는 학문은 다 닦은 무불통지의 이인이니 철인이니 하여 칭송이 자자했던 만큼 어린 나는 큰 형의 말이면 그대로가 곧 하늘의 계시나 되는 것처럼 믿을 때였다. 그러니까 나는 내가 커서 철학을 하게 될 것이라고 굳게 믿었던 것이다.

아버지의 술은 날이 갈수록 심해졌다. 끼니는 거의 뒷전이요, 술만 거의 시간마다 한 잔씩이었다. 거기다 술이 취하면 어머니에게 싸움을 걸고 가족들을 들볶았다.

어머니는 그러한 아버지가 심히 못마땅한 데다, 내가 또 술을 좋아해서, 빨갛게 취한 채, 툇마루에서 뜰로 데굴데굴 구르는 꼴을 눈뜨고 못 보겠고 화가 치밀어, 아버지와 나에 대한 제재랄까 보복이랄까, 그러한 동기에서 교회로 나가게 되었다. 그것도 아버지가 알지 못하게 몰래 나간 것이 아니라, 시준단지를 밖에 내어다 버린 뒤 교회로 나갔으니까 어머니의 결의는 대단한 것이었다. 그 당시 경주 지방에서는 집집마다 시준단지를 집안에 봉인했는데, 그것은 단지 농신을 가리키는 것이 아니고 광의의 천지신명을 의미하는 상징 같은 것이었는데, 어머니는 예수를 믿기 위하여 이것을 집 밖에 내어다 버렸던 것이다. 그러니까 어머니는 두 가지 신을 모시지 않겠다는 결의였겠지만 아버지에 대해서는 극단적인 도전이기도 했다.

이리하여 아버지와 어머니의 전쟁은 시작되었고, 그 결과는 아버지를 점점 더 심한 알코올 중독자로 몰아갔고, 우리 집은 날로 더 음울한 분위기에 싸이게 되었다.

김동리, 「나의 이력서」, 『밥과 사랑과 그리고 영원』, 사사연출판사, 1985, 188~189쪽.

김동리는 어린 시절부터 큰형으로부터 커다란 영향을 받았다. 일본 유학에 동서 철학을 모두 섭렵한 그의 형은 천재에 가까웠다. 막내였던 김동리에게 큰형은 그야말로 선망의 대상이었다. 큰형이 읽었던 세계문학전집과 사상전집 등을 독파하며 그는 생각을 키워 갔고, 신춘문예에 작품을 내고 당선되면서 작가로서의 명성을 얻게 된다. 그러나 김동리에게 아버지와 어머니는 큰 영향을 끼치지 못했던 듯하다. 김동리는 「나의 이력서」라는 글을 통해, 큰형을 향한 선망이 삶의 원동력이 되어 세상으로 당당히 나아가겠다는 꿈을 꾸게 되었으며, 결국 그를 소설가의 길에 들어서도록 한 거대한 힘이었다는 것을 고백하고 있다.

우리에게도 과거의 한 순간이, 혹은 한 인물이 커다란 영향력을 발휘하고 있을 수도 있다. 그것이 좋은 자극이 되어 지금의 나를 만들어 냈을지도 모를 일이다. 이러한 기억의 한 자락을 꺼내서 글로 써 보고, 그 사건과 인물이 지금의 나와 삶에 영향을 끼친 점을 써 보는 것도 좋은 자기서사 글쓰기의 소재가 될 수 있다.

그러나 과거를 떠올리다 보면, 좋은 기억만 있을 수는 없다. 좋은 기억은 휘발성이 강하지만, 나쁜 기억은 마음속에 옹이처럼 남아 있는 경우도 많다. 정신병리학자인 프로이트(Freud)는 불쾌한 체험과 기억들이 말이나 행동으로 발산되어야 깨끗하게 씻긴다고 주장하였다. 이러한 까닭에 자기서사 글쓰기를 치유의 수단으로 사용하는 경우도 있다. 좋지 못했던 기억의 찌꺼기들을 스스로 꺼내 글로 꾹꾹 눌러 쓰면서 자신을 객관적으로 바라볼 수 있는 계기로 만든다는 뜻이다. 쉽지는 않겠지만, 나를 붙들고 있는 좋지 못한 기억들을 꺼내서 글로 써 보면서 나를 객관화하는 작업을 해 보고, 과거의 어린 나에게 정중한 안녕을 고하는 계기로 삼아 보는 것도 좋겠다.

여기에서 중요한 것은 삶 전체를 다루는 자서전과는 달리, 자기서사는 자신의 삶 일부를 다룬다는 점이다. 이를 소설 장르에 비유하자면, 자서전은 장편 소설에 해당하고, 자기서사는 단편 소설에 해당한다고 할 수 있다. 따라서 자기서사 글쓰기는 현재의 '나'를 만드는 데 결정적인 역할을 한 하나의 인상적인 사건과 경험을 현재적 관점에서 재구성하고 의미화하는 작업이 되어야 한다.

과거의 기억 속에서 자기서사의 글감을 찾고자 하는 학생들이라면, 다음의 활동들을 차분히 수행해 보자. 이때 자기서사의 핵심적인 요소는 인상적인 사건(혹은 인물)과 경험을 포착하여, 현재적 관점에서 재구성하고 의미화하는 작업이라는 점을 염두에 두어야 한다.

단계 1	출생에서부터 현재까지의 기억들을 떠올려 보며 나의 삶을 되짚어 본다.

↓

단계 2	인생에서 가장 슬펐던 일, 기뻤던 일, 충격적이었던 일을 상기하면서, 나의 인생 그래프를 완성해 본다.

↓

단계 3	가족과 친구들이 '나'에 관해 어떤 생각들을 가지고 있는가를 알아보기 위해 인터뷰를 요청한다. 인터뷰 답변 내용을 훑어보면서 '내가 생각하는 나'와 '다른 사람이 생각하는 나'는 어떤 차이점을 지니는지 비교해 본다.

1) 단계 1 : 자기서사 쓰기를 위한 자유연상

학과: ____________ 학번: ____________ 이름: ____________

- 편안한 마음으로 과거의 기억들을 떠올려 봅시다.
- 최선을 다해서 기억해 보고, 그래도 기억나지 않는 경우에는 다음 문항으로 넘어갑니다.

1. 나를 임신했을 때 ________는 ____________꿈을 꾸었다고 한다.
2. 내가 태어난 곳은 ____________이다.
3. 내 유년 시절의 대부분은 ____________고장에서 지냈다.
4. 가장 먼저 떠오르는 기억은 ____살 때, ____________에 관한 기억이다.
5. 어린 시절 가장 기뻤던 일은 ____________이다.
6. 어린 시절 가장 슬펐던 일은 ____________이다.
7. 어린 시절 내가 가장 따랐던 사람은 가족 중 ________였다.
8. 어린 시절 나는 ____________성격을 가지고 있었다.
9. 어린 시절 내가 가장 좋아했던 음식은 ____________였다.
10. 어린 시절 내가 가장 좋아했던 물건은 ____________였다.
11. 어린 시절 내가 가장 좋아했던 놀이는 ____________였다.
12. 어린 시절 내가 가장 좋아했던 장소는 ____________였다.
13. 어린 시절 내겐 특이한 버릇으로 ____________가 있었다.
14. 어린 시절 나는 주위 사람들로부터 ____________라는 말을 많이 들었다.
15. 어린 시절 나는 자라서 ____________가 되겠다고 말했었다.

16. 어린 시절 부모님은 내가 ____________________하다고 칭찬하셨다.

17. 어린 시절 부모님은 내가 ____________________하다고 꾸중하셨다.

18. 초등학교의 첫 기억으로는 ____________________가 있었다.

19. 초등학생이었을 때 내게 가장 인상 깊었던 사건은 ____________________였다.

20. 학창 시절 가장 친했던 친구는 ____________________였다.

그때 그 친구는 나에게 ____________________영향을 준 것 같다.

21. 학교 선생님들 중 내가 가장 싫어했던 선생님은 ____________________이다.

이유는 ____________________때문이었다.

22. 학교 선생님들 중 내가 가장 좋아했던 선생님은 ____________________이다.

이유는 ____________________때문이었다.

23. 학창 시절에 내가 어울렸던 친구들은 그 특징이 대부분 ____________________였다.

24. 학창 시절 내내 가장 큰 불만은 ____________________이었다.

25. 고등학교 때 나의 꿈은 ____________________이었다.

26. 친구들은 나의 장점을 ____________________라고 한다.

27. 나의 유년시절을 한 마디로 나타낸다면 __________이라는 단어로 표현할 수 있다.

28. 지금 생각해 봐도 그 때 일은 ____________________때문에 자랑스럽다.

29. 지금 생각해 봐도 그 때 일은 ____________________때문에 후회스럽다.

30. 고등학교 때 부모님의 나에 대한 기대는 ____________________가 되는 것이었다.

31. 중 · 고등학교 때 ____________________을 하지 않은 게 지금도 후회가 된다.

32. 중 · 고등학교 때 ____________________를 계속했더라면 지금 나는 달라졌을 것이다.

33. 내가 처음 이성에 대해 관심을 가진 것은 ____________________부터였다.

34. 학창 시절에 나는 학급에서 신체가 ____________________편에 속했다.

35. 나의 10대 시절을 한 마디로 나타낸다면 __________이라는 단어로 표현할 수 있다.

2) 단계 2: 나의 인생 그래프 만들기

지금까지의 내 삶을 꺾은 선 그래프로 나타낸다면 어떤 모습일지 다음의 그래프를 완성시켜 본다.

- X축은 나이를, Y축은 인생 만족도를 각각 나타냅니다.
- 내 삶에 있어서 '기뻤던 일', '슬펐던 일', '충격적이었던 일' 등을 시기별로 떠올려 보고, 삶의 만족도 점수를 부여해 주세요.
- 부여된 점수들을 쭉 연결하여 꺾은선 그래프를 완성해 주세요.
- 완성된 그래프의 모습을 보고, 자신의 삶이 어떤 궤적을 그리고 있는지 살펴보세요.

인생 그래프

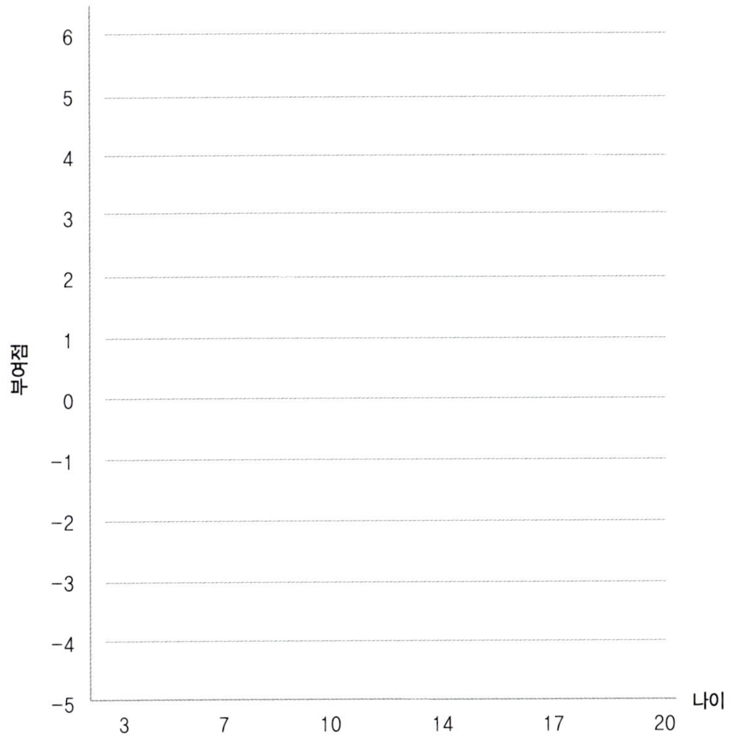

단계 1의 질문들에 답하면서 우리는 잊고 있었던 과거의 기억들을 다시 떠올릴 수 있게 된다. 나의 모습에 영향을 미친 과거의 사건과 인물들을 떠올리고, 그것이 현재의 나에게 어떤 영향을 미치고 있으며 어떤 변화를 가져왔는가를 생각해 볼 수 있다. 이러한 사전 작업은 내가 살아온 과거의 기억들과 삶의 변화들을 되짚어 보는 데 유용하게 사용될 것이다.

단계 2를 통해서는 단계 1을 통해 떠올린 기억들을 연대기별로 다시 재정리해 볼 수 있다. 짧게만 생각했던 나의 삶이 상승과 하락을 거듭하면서 나름대로 좌절과 극복의 과정을 거쳐 왔다는 점을 한눈에 확인할 수 있을 것이다. 내가 살아온 궤적을 정리해 보면서, 많은 사람들과 다양한 사건들이 가져다준 삶의 의미와 변화를 떠올려 본다. 그 과정에서 나 역시 다른 사람의 삶에 많은 영향을 미치며 살아가고 있는 존재임을 더불어 생각해 보자.

다음으로 실시할 단계 3에서는 과거에서 벗어나 현재의 나의 모습을 성찰해 보는 활동을 해 볼 것이다. 자기 안에 갇힌 '나'에서 벗어나 타자와의 관계 속의 '나'로 영역을 확장시켜 본다. '나'에게만 국한된 기억에서 벗어나, 타자와의 관계망 속에서 나를 입체적으로 이해하는 시도라고 이해하면 된다. 단계 3의 구체적인 실습 방법은 가족과 친구들에게 인터뷰 형식으로 질문을 던진 후 받아 낸 답변을 분석해 보고, 타인이 생각하는 '나'의 모습을 떠올려 보는 것이다. 자신이 생각하는 '나'와 타인이 생각하는 '나'의 간극을 비교해 보면서, 나를 객관적으로 평가해 보는 계기를 마련해 보자.

3) 단계 3: 가족과 친구들에게 인터뷰하기

자기서사 쓰기를 위한 인터뷰(가족용: 2명 이상)

- 다음은 당신이 저를 어떻게 보고 있는가를 알아보기 위한 설문입니다. 평소 저에 대해서 보고 느낀 대로 솔직하게 답하여 주시면 고맙겠습니다.
- 그렇다고 보았으면 '그렇다'에 ○표를, 그렇지 않았다고 하면 '아니다'에 ○표를 해 주세요.
- 응답이 꼭 들어맞지 않은 경우에도 가까운 쪽에 ○표 해 주세요.
- 맞는 답이나 틀린 답이 있는 것이 아니므로 느낀 대로 답해 주세요.

질문	그렇다	아니다
1. 어떤 일을 성사시키기 위해 노력한다.		
2. 약속은 지킨다.		
3. 항상 청결하다.		
4. 무슨 일을 할 때 다른 사람의 의견을 존중한다.		
5. 책임감이 있다.		
6. 인내심이 있다.		
7. 어른들과 친척들에게 인사를 잘 한다.		
8. 작은 일에도 화를 잘 내고 참을성이 없다.		
9. 자신의 의견과 다른 이에게 차분히 설명할 줄 안다.		
10. 말투가 부드럽다.		
11. 가정에서 조화되는 것을 좋아한다.		
12. 자립심이 부족하다.		

13. 용돈관리를 잘 한다		
14. 친구들과 어울리기를 좋아한다.		
15. 자기 방 청소와 정리는 스스로 한다.		
16. 형제, 자매와 다정하게 잘 지낸다.		
17. 남의 흉을 잘 본다.		
18. 가사를 자발적으로 돕는다.		

19. 가족이 본 나의 단점은? ____________________

20. 가족이 본 나의 장점은? ____________________

* 의외의 응답은? ____________________

* 그에 대한 나의 생각은? ____________________

자서전 작성하기를 위한 인터뷰(친구용: 3명 이상)

- 다음은 당신이 저를 어떻게 보고 있는가를 알아보기 위한 설문입니다. 평소 저에 대해서 보고 느낀 대로 솔직하게 답하여 주시면 고맙겠습니다.
- 그렇다고 보았으면 '그렇다'에 ○표를, 그렇지 않았다고 하면 '아니다'에 ○표를 해 주세요.
- 응답이 꼭 들어맞지 않은 경우에도 가까운 쪽에 ○표 해 주세요.
- 맞는 답이나 틀린 답이 있는 것이 아니므로 느낀 대로 답해 주세요.

질문	그렇다	아니다
1. 현실에 잘 순응하는 편이다.		
2. 다른 사람과 한 약속은 꼭 지킨다.		
3. 책임감이 있다.		
4. 자립심이 강하고, 어려운 일을 스스로 잘 해결한다.		
5. 어려움에 처한 친구들을 도울 줄 안다.		
6. 선생님이나 동료로부터 칭찬을 받는 편이다.		
7. 주위의 시선에 신경 쓰고, 남의 눈치를 잘 살피는 편이다.		
8. 작은 일에도 화를 잘 내고, 참을성이 부족하다.		
9. 자신의 신념을 끝까지 주장한다.		
10. 말투가 거칠어, 오해나 짜증을 불러오는 경우가 많다.		
11. 나에게 잘못한 사람을 쉽게 용서하는 편이다.		
12. 설득력이 있는 편이다.		
13. 휴지, 쓰레기를 아무 데나 버리지 않는다.		
14. 친구들과 어울리기를 좋아한다.		
15. 새로운 것을 배우거나, 낯선 곳에 가는 것을 좋아한다.		

16. 타인에게 매력적인 용모이다.		
17. 남의 흉을 잘 본다.		
18. 새로운 생각과 창의적인 아이디어를 제시한다.		

19. 친구가 본 나의 단점은? ______

______

______

______

______

20. 친구가 본 나의 장점은? ______

______

______

______

______

* 의외의 응답은? ______

______

______

______

* 그에 대한 나의 생각은? ______

______

______

______

이상과 같은 3단계 과정을 거치면서 자신이 누구인지 깨닫고, 삶의 의미를 재발견하여, 앞날을 설계하는 자율적 주체로 탄생할 수 있기를 바란다.

다음에 인용한 세 편의 예문은 이러한 자기서사 사전 작업을 거친 후 작성된 중앙대학교 학생들의 글이다. 이 세 편의 글을 대상으로 잘된 자기서사와 그렇지 못한 자기서사의 차이를 생각해 보자.

학생 글 1

현재 나는 서울시 ○○구 ○○동에 살고 있다. ○○년생으로 올해 스무 살이 되었다. 초등학교 때에는 열심히 학교에 나가서 수업을 듣기만 하면 됐었다. 그러나 중학교에 들어와서 등교 시간은 빨라졌고 점점 할 일이 많아졌다. 나는 잠을 자면 알람이 아무리 울려도 누군가가 깨워 주지 않으면 잘 못 일어난다. 그래서 중학교 때부터 지금까지 스스로 일어난 적이 거의 없다. 엄마가 깨워 주지 않으면 늦잠을 자기도 했다.

중학교를 졸업하고 고등학교에 올라왔을 때는 열심히 공부도 하고 놀기도 했다. 그러나 점점 날이 갈수록 공부를 하는 것이 귀찮아졌다. 그래서 공부하는 것을 조금씩 미루다 보니 해야 할 양이 산더미처럼 쌓였다. 그 양을 다 할 수 없었던 나는 결국 성적이 떨어졌다. 처음에는 '다음에 잘하면 되지…….' 이런 마음이었다. 그러나 조금씩 계속 떨어지는 내 성적을 보면서 충격을 받았다. 그래서 나는 다시 계획을 짜서 그 분량을 매일 꾸준히 했다. 그 결과 성적은 다시 올랐다.

고 3이 되고, 수능을 보기 위해 고 1, 2학년 때보다 더 열심히 공부했다. 수능 날이 점점 다가오면서 너무 떨렸다. 수능 당일, 너무 떨려서 언어를 평상시처럼 풀지 못했고, 나머지 과목도 거의 마찬가지였다. 수능 성적표를 받아 보니 예상했던 대로 성적이 크게 떨어져 있었다. 처음 가,

나, 다군 원서를 쓸 때는 ○○학과에 지원할 생각이 없었다. 그러나 세 군데 학교를 모두 떨어져 추가모집 원서를 넣게 되었다. 이렇게 추가모집 원서로 중앙대학교에 ○○학과에 합격했고, 나는 지금 이곳에 다니고 있다. 이 글을 쓰면서 다시 한 번 내가 정말 게으르며 할 일을 미루는 습관이 있다는 사실을 깨달았다. 앞으로는 부지런해지도록 노력해야겠다.

학생 글 2

'양념통닭.' 지금도 이 단어는 나를 추억에 잠기게 한다. 달콤하고 매콤한 그 맛. 바삭하고 기름진 껍질 속에 부드러운 살. 일 년에 겨우 한두 번 소풍 가는 날에만 엄마는 도시락으로 양념통닭을 사서 주셨다. 가난했지만 딸이 주눅들까 봐 남들에게 보이는 모습만큼은 신경 써 주셨던 엄마였다. 아빠는 결혼한 지 3년 만에 직장을 잃고 나의 어린 시절 내내 변변한 직업을 가지시지 못했다. 엄마는 늘 아빠의 무능력을 나무라며 잔소리를 해 대셨고 나는 아주 어릴 적부터 '가난=부끄러움'이라는 확신을 가지게 되었다.

초등학생 때 나는 최대한 눈에 띄지 않길 바랐다. 혹시나 반 친구들이 우리 집의 방이 몇 개인지, 우리 아빠의 직업이 무엇인지 알게 될까 두려웠기 때문이다. 눈치 없이 "너네 집은 몇 평이야?"라고 물어보는 친구들이 너무 미웠고 그럴 때면 대충 둘러대곤 했다. 이번 설문지에서 친구들은 내가 힘든 일이 있을 때 나누지 않고 혼자서 끙끙대며 해결하려고 한다고 답했다. 약점을 숨기려고 하는 성격이 어린 시절 가난에 대한 부끄러움에서 온 것이 아닌가 생각해 본다.

그러나 나는 우리 아빠가 정말 좋다. 죽을 만큼 미워했지만 아빠의 잘못이 아니란 걸 깨달아갈수록 더욱 죄송스럽고 어린 시절 딸로서 아빠에게 사랑을 드리지 못했다는 것을 생각하면 눈물이 난다. 중학교 3학년 만우절 날 친구와 반을 바꿔 수업을 듣다 걸려서 반성문을 썼던 적이 있다. 화가 나신 담임 선생님이 우리 집에 전화를 하셨고, 학교에 찾아오신 아빠는 복도에서 "내가 택시 운전을 한다고 네가 나를 무시하는 거냐?"라며 고래고래 소리를 질렀다. 한창 사춘기에 그 사건은 나에게 너무나 큰 상처였다. 나를 사랑하지 않아서 일부러 내 인생을 망치려고 그러는 줄 알았고, 엄마에게 울면서 제발 아빠랑 이혼하라고 소리쳤다. 그 이후로 학창 시절 내내 아빠에게 마음의 문을 닫은 것 같다. 용서할 수 없다고 생각했는데 나도 모르게 아빠를 미워하던 마음이 미안한 마음으로 바뀌고 있다. 자기 딸을 사랑하지 않는 아빠가 누가 있을까. 아빠는 자기 때문에 딸이 엇나간 것 같은 미안한 마음을 그런 식으로 표출하셨던 것이다. 어른이 된 지금, 나는 그때의 아빠를 이해할 수 있게 되었다.

나의 어린 시절을 돌아보면서 슬픈 기억도 있었지만, 따뜻했던 기억들이 더 많다는 것을 깨달았다. 그런 날들이 있었기에 지금까지 힘들었던 순간들을 이겨낼 수 있었던 것이 아닐까. 앞으로 어떤 일을 해도 자신 있게 할 수 있을 것 같다는 생각이 든다. 오늘은 집에 가서 부모님을 위해 따뜻한 커피를 한 잔씩 타드리고 싶은 날이다.

학생 글 3

삶은 사건의 연속으로 이루어져 있다. 모든 사람은 살아가면서 크고 작은 사건들을 경험하며 그 사건 가운데 자신의 삶을 크게 변화시키는 사건을 겪기도 한다. 흔히 사용하는 표현인 '인생을 송두리째 바꿔 놓은 사건'이 바로 그러한 사건이다. 나 또한 '현재의 나'를 만드는 데에 큰 영향을 끼친 사건을 고3 시기에 겪었다. 내가 겪은 사건으로 인해 과거의 내가 어떻게 변화하였는지, 그리고 '현재의 나'에게 어떤 영향을 끼쳤는지 말해 보고자 한다.

나는 어릴 때부터 내성적이며 숫기가 없는 성격이었다. 아빠를 닮아 숫기가 없다는 말을 친척들로부터 종종 들었고 초등학교 때부터 발표하는 수업을 가장 싫어했다. 그러한 성격 탓에 자연스레 '자기표현'을 하지 않게 되어 가족과 친구들에게 나의 감정과 의사를 되도록 표현하지 않고 살아왔다. 고등학생이 되어서도 그러한 성격은 여전했다.

다니던 고등학교에서 나에 대한 부정적인 소문이 퍼진 건 고등학교 2학년 때부터였다. "중학교 때 저 애가 나대는 바람에 어떤 남자애랑 여자애가 헤어졌다고 하더라. 쓰레기다."라는 소문이었다. 나는 중학교 때 누군가를 좋아해 본 적도 없거니와 소심한 성격인 나에 대해 그렇게 떠드는 건 납득하기 어려운 일이었다. 참다 참다 친구들에게 말했을 땐 "누가 너같이 조용한 애를 가지고 그런 얘길 하겠냐. 네가 피해의식 있는 것 아냐?"라는 답변이 돌아왔다. 고등학교 1학년 때 같은 반이었던 소위 노는 남자애가 나를 좋아한다는 소문이 퍼지면서 내 얘기를 하는 것을 많이 들었고, 나보고 쓰레기라고 떠들어 대며 내 이런저런 얘기를 하는 것에 스트레스를 많이 받았지만 대수롭지 않다고 여겼다. 내가 다니던 고등학교는 비교적 내신 시험의 난이도가 평이했기 때문에 내신을 관리하는 데에만 집중하여 여름방학 때는 문과 대표로 교과우수상을 받았고 2학년 마지막 기말고사에서는 문과 1등을 하게 되었다. 동시에 나에 대한 이야기들 때문에 스트레스를 받는 강도도 심해져만 갔다.

결국 고3이 된 3월이 채 지나기도 전에 정상이 아닌 심리 상태로 빠져들었다. 내신 시험이나 모의고사를 보는 도중에 혹은 혼자 가는 조용한 하교 길에서조차 뒤에서 누군가 내 얘기를 하는 것을 '들으면서' 갔다. 실제로는 아무도 없었고 아무도 내 얘기를 하지 않는 상황이었다. 많은 스트레스를 억누르기만 하다 감당하지 못해 결국 의식과 무의식의 경계가 허물어져 무의식에 있던 생각들이 터져 나왔고 그런 생각들이 누군가 대화하는 것처럼 들린 것이었다. 나의 어린 시절, 가족, 인간관계, 생각들에 대해 누군가가 수군 수군대며 대화한다고 느끼는 그 상황에서도 나는 참기만 했다. 그 사이 처참한 1학기 내신 성적을 받았고 모의고사에서도 받아본 적이 없는 점수를 받았다. 마치 환청과 흡사하게 들리는 대화 때문이었다. 결국 참던 감정이 폭발하였고 엄마 앞에서 있지도 않은 헛소리를 한 후 정신과 치료를 받게 되었다. 처음에는 약을 먹어 불안한 심리 상태를 잠재웠고 의사와 면담하고 심리 검사를 하였다. 그 후로는 상담 치료를 받기 시작했다. 고3 생활을 하며 느낀 감정은 글에는 다 담을 수 없을 만큼 비참했다. 그 상황에서 공부를 제대로 하진 못했지만 수능 최저 학력 기준을 맞춰 중앙대학교에 수시 학생부 전형으로 추가 합격을 하게 되었다. 1학년 때부터 내신 관리를 해 놓은 것이 불행 중 다행이었다. 고등학교 졸업과 비슷한 시기에 치료도 끝마치게 되었다.

고3 때 겪은 이 일은 나에게는 당연히 불행한 사건이었지만 긍정적인 변화도 가져왔다. 그 당시에는 정신이 없어서 생각할 겨를이 없었지만 시간이 지나고 나서 새롭게 느낀 것은 내가 나를 소중히 여기지 않고 살아왔다는 것이다. 욕을 먹을 때 그것을 대수롭지 않게 생각하기보다는 나의 감정과 심리 상태를 소중히 여기고 나의 내면에 귀 기울여 내 감정에 솔직했다면, 그래서 내가 받고 있던 스트레스를 좀 더 현명하게 풀 수 있고 나의 의사를 현명하게 표현할 수 있었다면 최악의 상황으로 가지는 않지 않았을까 하는 생각을 하게 되었다. 그리고 나 자신부터 나를 소중히 하고 아껴야 한다는 다짐을 하게 되었다. 자신을 소중히 하지 않는 사람을 아껴 주는 사람은 없을 것이라는 생각이 들었기 때문이다.

그 후로 나의 감정과 심리 그리고 무의식에 대해서도 생각해 보았고 앞으로 어떻게 나를 아끼며 살아가야 할지도 고민하게 되었다. 고민하는 과정에서 미래에 하고 싶은 일도 생겼다. 나는 내향적인 성격으로 인해 문학이나 영화, 그래픽노블 등을 보는 소극적인 활동을 취미로 하였는데 대학에 와서도 지난 일들로 인해 힘들 때 이런 문화 콘텐츠들을 감상하는 것이 많은 위로와 힘이 되었다. 그래서 문화 콘텐츠와 관련된 일을 해보고 싶다는 생각이 들었다. 다른 이들에게도 위로가 될 수 있겠다는 생각이 들었기 때문이다. 아직까지도 그 당시의 사건으로 인한 감정과 생각에서 자유롭지 않고, 또 상처도 많이 받았지만 그 사건으로 인해 나 자신을 아끼려 노력하게 되었고, 내가 좋아하는 일을 하자고 마음먹게 되었다. 결과적으로, 그 사건은 나 자신에 대해 생각해 보고 관심을 갖게 하며 나를 소중히 여기는 계기가 되었다.

학생 글 1의 경우에는 선명한 주제를 찾기 힘들다. 자신의 삶을 그저 나열하고 있는 것만으로는 좋은 글이 될 수 없다. 이런 글은 지양하기를 바란다.

학생 글 2의 경우에는 '자기서사 쓰기를 위한 자유연상' 활동을 통해 어린 시절 자신이 좋아했었던 음식인 '양념통닭'을 떠올리고, 이를 통해 부모님에 관한 기억으로까지 생각을 확장시켜 나아갔다. 다소 어두울 수 있는 기억들로 글쓰기가 시작되고 있지만, 종내 어른스러운 마음으로 부모님을 포용하는 성숙함을 보여주며 글을 마무리하고 있다. 글이 전개되어 감에 따라 학생의 생각이 성장하고 있다는 것을 느낄 수가 있다. 학생 글 3은 선명한 주제를 갖고 있다. 근거 없는 소문에 시달린 내가 느낀 혼란과 고통을 진솔하게 서술한 다음 그것이 현재의 나에게 미친 영향과 변화를 진지하게 성찰하였다. 진정성 있는 글쓰기 덕분에, 이 글을 읽는 독자에게도 깊은 공감을 불러오고 있다.

학생 글 1과는 달리 학생 글 2와 학생 글 3에서는 자신을 깊이 있게 성찰하고, 그 과정을 통해 얻게 된 나름의 성장 이야기를 우리에게 진솔하게 들려주고 있다. 따라서 학생 글 2와 학생 글 3은 자기서사 글쓰기를 훌륭하게 실천한 모범 사례라고 하겠다.

경험상, 자기서사 사전 세 단계의 작업 없이 써진 글들은 대체로 뚜렷한 주제가 없이 전개되는 경우가 많았다. 우리 학생들은 세 단계의 과정 속에서 떠올린 많은 기억과 성찰의 내용들 중에서 가장 좋은 소재를 선택해서 그것을 집중력 있게 작성할 것을 권유한다. 그래야 주제가 선명한 글을 작성할 수 있다. 자기서사 쓰기에서 많은 학생들이 입시 과정의 힘겨움을 소재로 삼는 경우가 많고, 자신의 삶을 연대기적으로 의미 없이 나열하는 수준에 그치고 있는 글들도 흔히 발견된다. 이런 방식 보다는 현재의 '나'를 만드는 데 결정적인 역할을 한 하나의 인상적인 사건과 경험을 현재적 관점에서 재구성하고 의미화해 보면서 선명한 주제를 떠올려 볼 것을 권유한다.

우리가 자기서사를 하는 이유는 글쓰기라는 행위를 통해 자신의 내면을 들여다보는 계기를 마련하고, 나를 진지하게 글로 표현해 내는 데 있다. 따라서 의미 없는 사건의 나열과 추상적인 표현은 삼가고, 세상에 하나뿐인 '나'를 표현할 수 있는 특별한 글쓰기를 시도해 보자.

활동 문제

1. 자기서사 쓰기 사전 3단계의 과정(자유 연상, 인생 그래프, 인터뷰)을 거치면서 자신의 삶을 진지하게 되돌아보자.

2. 하나의 인상적인 사건과 경험 혹은 인터뷰 내용을 현재적 관점에서 재구성하고 의미화하는 자기서사 글쓰기를 완성해 보자.

2장

이력서와 자기소개서 쓰기

1. 이력서 쓰기

자기서사 쓰기가 자신의 과거를 통해 현재의 나를 돌아볼 수 있는 글쓰기 작업이었다면, 이력서 쓰기는 대학 생활을 거쳐 사회인으로 나아가게 될 나의 미래의 모습을 그려보는 기회를 마련해 줄 것이다. 이력서 쓰기의 요건들과 주의 사항들을 살피고, 힘차게 미래를 향해 도약해 가는 자신의 모습을 상상해 보기 바란다.

1) 이력서를 쓰기 전에 고려해야 할 것

우선 내가 하고자 하는 일을 구체적으로 정해야 한다. 많은 사람들이 자신이 가진 꿈과 자신이 지금 하고자 하는 일을 혼동한다. 꿈은 높고 클수록 좋다고 하지만, 현실적으로 하고자 하는 일은 명확하고 구체적이어야 한다.

이력서와 자기소개서의 첫 관문은 자신의 지원 분야를 명확히 정하는 것에서부터 시작된다. 대학 4년 동안 다양한 수업과 활동을 통해 자신이 진정하고 싶은 일이 무엇인지 알아내는 일은 매우 중요하다. 전문가의 도움을 받아 직업을 탐색해 보는 것도 권유할 만하다. 학생생활상담센터에서 직업탐색 프로그램 등의 다양한 지원을 받아 다각도로 자신의 미래를 구체적으로 설계해 보는 것도 하나의 방법이다.

다음으로는 다양한 활동들을 경험하면서 글감을 확보해야 한다. 대학 생활 중 경험했던 모든 경험들이 이력서와 자기소개서의 재료가 될 것이기 때문이다. 직무 관련 교육 과정 수료, 관련 분야의 아르바이트 경험들도 모두 자신의 능력을 증명할 수 있는 훌륭한 근거가 될 수 있다. 학교에서 경험할 수 있는 다양한 팀워크, 동아리 활동, 인턴십이나 봉사 활동, 교환 학생 프로그램 등도 좋은 이력서의 글감이 될 수 있다. 기업 홍보 차원에서 대학생들에게 기회를 주는 해외 봉사 활동이나 인턴십 과정에 지원해서 기회를 얻어 경력을 쌓는 것도 매우 좋은 활동이다.

대학 생활에 대한 구체적인 계획도 설계해 두면 좋다. 졸업 시기를 미리 정해 두고 휴학과 복학을 계획하는 것이 좋다. 졸업 학점과 졸업 논문 등의 조건은 당연히 스스로가 챙겨야 할 부분이다. 어학 점수에 매달려 취업 시기를 놓쳐서도 안 되고, 자격증에만 의존해서 졸업을 미뤄서도 안 된다.

이력서는 입사를 위하여 작성하는 서류 중에 제일 위에 놓이며, 자신의 모든 기록을 드러내는 중요한 문서이다. 특히 서류 전형의 경우에는 이력서와 자기소개서만을 보고 선발하는 경우가 많기 때문에 매우 심혈을 기울여야 하는 글쓰기 작업이다. 이력서는 자신이 살아온 경험에 대한 기록을 담는 글쓰기라는 점을 잊지 말아야 할 것이다.

2) 이력서 작성 요령

이력서를 검토하다 보면, 구직자들이 기본적인 요건을 소홀히 하거나 어이없는 실수를 저지르는 경우가 생각보다 많다. 따라서 이력서 작성에서 주의할 사항들을 미리 숙지하고, 실수를 저지르지 않도록 유의해야 한다. 다음의 이력서 예시를 보면서 주요한 내용들을 숙지하자.

예 시

이력서

❶ (4cm × 5cm) 최근 3~6개월 이내에 촬영한 반명함판 사진	성명	한글	홍길동	한자	洪吉童
	생년월일				
	❷ 현주소	(06974) 서울특별시 동작구 흑석로 84			
	연락처	(자 택) 000-000-0000 / (핸드폰) 000-000-0000			
	E-mail				

❸ 학력사항	기간	출신학교 및 전공	비고
	2017. 03. ~ 2020. 02.	한국 고등학교 졸업	
	2020. 03.	중앙대학교 한국학과 입학	
	2021. 05. 18. ~ 2023. 01. 17.	휴학(군 복부)	
	2023. 03.	복학	
	2023. 03.	중앙대학교 한국홍보학과 복수전공	
	2023. 09. ~ 2024. 02.	휴학(어학연수 및 워킹홀리데이)	
	2024. 02. 03.	복학	
	2026. 08.	중앙대학교 한국학과 졸업 예정	

❹ 자격면허	취득일	자격증 종류
	2020. 07.	MOS (Excel, Word) Expert
	2020. 08.	MOS (Power Point Core)
	2023. 08.	운전면허 1종
	2026. 07.	무역 영어 1급

⑤ 학업성적 (평균평점)	대학교	백분율 환산점수: 85점	외국어	Toeic	800점
				스피킹	6
	중앙대학교	3.5 / 4.5		오픽	IM

⑥ 경력사항	근무 기간	관련 내용	담당 업무	활동 내용
	2023. 05. ~ 2023. 06.	기업 홍보 공모전	팀장	대상과 좋은 아이디어상 동시 수상
	2023. 09. ~ 2024. 02.	London 1st Accounting Servi	internship	홍보팀에서 마케팅 보조 업무 담당
	2025. 12. ~ 2026. 02.	현대 미디어 연구소	internship	마케팅 업무 담당

병역사항	군필 여부	현역필	계급	육군 병장	취미	심리 관련 서적 읽기
	복무 기간	2021. 05. 18. ~ 2023. 1. 17.			특기	모창 하기
	면제 사유	만기 제대			종교	무

⑦ 지원분야	구분	직무	입사 가능일
	1지망	마케팅	2026. 09.
	2지망	홍보	2026. 09.

해외 활동	영국 어학연수 6개월(2023. 09. ~ 2024. 02.)	국가보훈대상	무
⑧ 기타 활동	한국학교 창업 동아리	산악 자전거 대회 준우승	
	피카통(기타 음악 동아리)	인터렉트 친절 봉사 300시간	

위의 내용은 사실과 틀림이 없습니다.

2026년 09월 10일

⑨ 지원자 홍길동 (인)

---

❶ 이력서 사진

- 이력서 사진은 이마와 귀가 훤히 드러나 보여 이미지가 한 눈에 들어올 수 있도록 한다.
- 입꼬리를 살짝 올리거나 윗니가 보이게 웃되, 아랫니는 보이지 않도록 한다.
- 지나친 수정은 금물!

❷ 주소

- 주소와 연락처 같은 기본 인적사항은 명확하게 기입하도록 한다. 오류가 있는 경우 불이익을 당할 수 있다.

❸ 학력사항

- 관련 서류들을 찾아 정확한 날짜를 기입하도록 한다.
- 부전공, 복수전공, 전과와 편입 등의 사항도 빠짐없이 기재한다.
- 휴 · 복학 기간도 정확히 적는다.

❹ 자격 면허

- 발급 기관에서 증빙 서류를 미리 발급 받아두고 명확히 기재한다.
- 자신이 지원하는 분야와 관련성 있는 자격증이 무엇보다 우선이다.
- 토익 점수는 취득일로부터 2년까지만 인정받을 수 있다.

❺ 학업 성적

- 열람용이 아닌 취업용 성적을 기입한다.
- 보통 소수점 둘째자리까지 입력하도록 되어 있고, 반올림하거나 허위 기재해서는 안 된다.

❻ 경력사항

- 지원하는 분야와의 관련성이 매우 중요하다. 아르바이트, 공모전, 대회 참가, 인턴십 등이 모두 경력사항에 들어갈 수 있다.
- 경우에 따라서는 학회활동, 연구활동, 졸업논문, 현장실습 등도 모두 경력사항에 들어간다.
- 직무 관련성을 평가할 때 가장 주의 깊게 보는 항목이라는 점을 유의하자.

❼ 지원분야

- 모든 이력서의 내용과 자기소개서는 1지망 중심으로 작성한다.
- 지원분야에 따라 판단하는 방향과 기준이 달라질 수 있으므로, 자신의 능력과 경험에 가장 적합한 지원분야를 선택하도록 해야 한다.

❽ 기타 활동

- 동아리 활동이나 동호회 활동을 통해 팀워크와 인맥 관계를 유추하게 된다.
- 숨겨진 재능이나 자랑하고 싶은 특별 활동 사항이 있다면 적을 수 있다.

❾ 지원자

- 이상의 내용들을 기입한 이후에 지원 서류를 제출한 날짜와 자신의 서명을 정확하게 기입한다.

이력서와 자기소개서는 매우 중요한 공문서이다. 맞춤법이나 비문이 없도록 하고, 사실에 입각한 내용을 쓰도록 해야 한다. 모든 내용들을 작성한 후에는 오자, 탈자가 없는지 한 번 더 확인하도록 한다. 마지막으로, 제출한 날짜를 기입하고 서명을 선명하게 하는 것으로 이력서 쓰기를 마무리 짓는

다. 모범 이력서는 주어진 양식에 빈칸이 없도록 모든 내용을 빼곡하게 기입한 것이다. 이런 이력서를 작성하기 위해서는 대학 4년 동안 자신의 진로를 모색하고 그것을 향한 준비와 노력을 기울여야만 한다. 대학 생활 속에서 자신이 행한 체험과 경력을 한 눈에 정리해서 보기 좋게 제시한 결과물이 바로 '이력서'라는 것을 잊지 말아야 한다.

3) 가상 이력서 작성하기

대학 생활을 이제 막 시작한 여러분이 완벽한 이력서를 쓴다는 것은 불가능하다. 하나둘씩 여러분들의 경험이 쌓여 가면서, 이력서에 제시할 내용들은 풍요로워질 것이다. 우리가 지금 쓸 수 있는 것은 '가상 이력서'이다. 말 그대로 '가상'이므로, 자신의 희망 사항을 마음껏 기입해 볼 것을 권유한다.

가상 이력서를 작성하다 보면, 자신이 앞으로 해야 할 일과 목표로 하고자 하는 것들을 생각할 수 있게 된다. 졸업 시기, 복수전공 혹은 부전공, 동아리 활동과 어학 점수까지 자신이 성취하고 싶고 도달하고 싶은 바람 등을 기입해 보면서, 자신의 미래를 설계해 보자. 이력서 작성법을 익히는 것과 동시에, 자신이 대학 안에서 이루어야 할 것들이 조금씩 눈앞에 그려질 것이다.

이력서

지원 부문		지원 구분	신입 ( ) / 경력 ( )		반명함판 사진 (3×4㎝)
		희망연봉	만 원		

인적사항						
성명	한글		한자			
생년월일						
주소						
연락처						
종교		학점	/ 4.5	취미		
결혼유무		백분율	/ 100점	특기		

학력사항	기간	학교명	전공	졸업 구분	평점/만점
	–				/
	–				/
	–				/

경력사항	기간	회사명	직위	담당 업무	퇴직 사유
	–				
	–				

	기간	활동사항 및 특기사항
봉사	–	
동아리	–	
상벌	–	
해외	–	

병역사항	기간		구분		자격면허	자격명	취득 일자
	–		남	여			
	계급	병과	면제사유				

외국어	자격명	점수/급수	발급처	취득일	전산능력	엑셀	상( ) / 중( ) / 하( )
						워드	상( ) / 중( ) / 하( )
						한글	상( ) / 중( ) / 하( )
						파워포인트	상( ) / 중( ) / 하( )
					보훈관계		대상( ) / 비대상( )

상기 내용은 사실과 다름없음을 확인합니다.

년 월 일

작성자: (서명)

2. 자기소개서 쓰기

1) 자기소개서란 무엇인가?

자기소개서는 이력서와 함께 채용을 결정하는 데 있어 가장 기초적인 자료로 사용된다. 이력서가 개인을 개괄적으로 이해할 수 있는 자료라면, 자기소개서는 한 개인을 보다 깊이 이해할 수 있는 자료로 활용된다.

기업은 취업 희망자의 자기소개서를 통하여 채용하고자 하는 인재로서의 적합 여부를 일차적으로 판별한다. 자기소개서를 통해 대인관계, 조직에 대한 적응력, 성격, 인생관 등을 알 수 있으며, 성장 배경과 장래성을 가늠해 볼 수 있다. 자기소개서를 통해 문장 구성력, 논리성뿐만 아니라 자신의 생각을 표현해 내는 능력까지도 확인할 수 있다. 생각보다 자기소개서를 통해 파악할 수 있는 측면이 많다는 점을 잊지 말아야 한다. 따라서 자기소개서를 통하여 읽는 이로 하여금 자신에 대한 좋은 인상을 심어 주어야 한다.

여기서 '좋은 인상'이라는 것은 성품이 좋은 사람을 의미할 뿐 아니라, 자신이 지원하고자 하는 회사에 적합한 사람이라는 것을 보여 주는 것을 의미한다. 자기소개서 수업을 하다 보면 많은 학생들이 오해를 하고 있는 것이 있다. 어떤 요소가 되었건 무조건 자신이 가지고 있는 좋은 점만 쓰면 된다고 생각하는 것이다. 그러나 자기소개서에서 중요한 것은 자신이 이 회사에 입사하기에 적합한 사람이므로 반드시 뽑아야 한다는 점을 설득력 있게 증명하는 것이다.

만약 주류 회사 상품 개발팀에 입사하려는 사람이 "저는 술을 한 잔도 하지 않고 항상 정확하고 계획적인 생활을 철저히 지키는 사람입니다."라는 장점을 들어 말한다거나, 현장 노동자를 관리하는 직종에 지원하면서 "저는 조용한 성품의 사람으로 항상 책을 읽으며 시간을 보내는 것을 즐겨하고 있습니다." 와 같이 자신을 설명한다면, 지원서를 읽는 인사 담당자는 담당 업무와 맞지 않은 사람이라고 생각할 수밖에 없다. 자기 소개서는 나의 많은 특징 가운데 이 회사에 적합한 경력과 이력을 구체적으로 들어서 입사의 적합성을 설득력 있게 설명하는 글인 것이다.

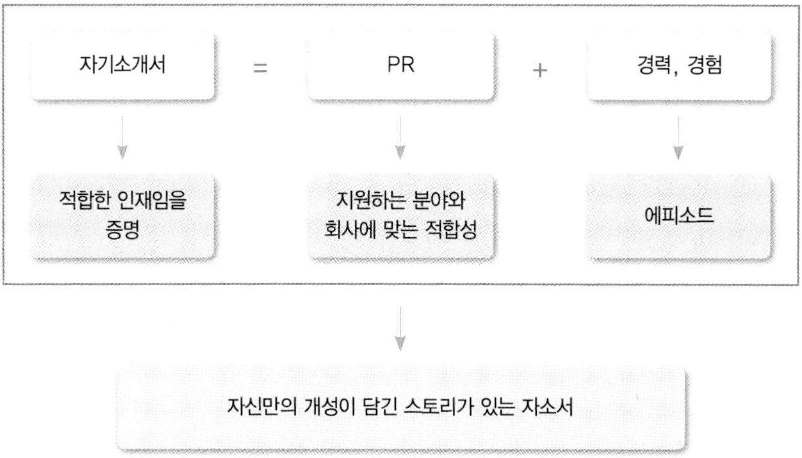

자기소개서는 자신의 많은 면모 가운데에서, 자신이 하고 싶은 일에 해당하는 적합한 요소를 찾아서 기술하는 설득적 글쓰기임을 잊어서는 안 된다. 그럼에도 불구하고, '글쓰기'에 대한 두려움보다는 '쓸거리'에 대한 막연함이 가장 큰 장애물인 경우가 많다. 학생들은 이를 흔히 스펙의 부족 때문이라고 생각하기 쉽다. 그러나 실제로 학생들과 상담해 보면 다양한 경험과 능력, 자격증 등을 보유하고 있음에도 불구하고, 가장 적합한 능력을 기술하지 않고 오히려 비중이 덜한 자신이 자랑하고 싶어 하는 경험을 중심으로 기술하는 경우를 자주 발견할 수 있다. 이렇게 글을 쓰는 원인은 자신이 지원하는 분야에 대한 정확한 이해 부족과 자신의 경험이 지원 분야와 어떻게 연결되는가를 찾지 못해서 발생하는 경우가 대부분이다. 또 자신이 드러내고 싶어 하는 자랑스러운 장점에 대한 애착이 너무 강해서, 그 장점이 회사의 성격과 맞지 않음에도 불구하고 고집스럽게 드러내는 경우도 많다.

전자의 경우는 상담의 과정을 통해 우선순위를 이야기해 주면 자연스럽게 고쳐지지만, 후자의 경우는 수정된 글에서도 잘 고쳐지지 않는 경우가 많다. 자기기소개서는 입사를 위해 상대를 설득하는 전략적인 글이기 때문에 자신의 입장에서가 아니라 독자의 입장에서 기술해야 한다는 점을 잊지 말아야 한다. 그 어떤 글보다도 자기소개서는 독자를 중심에 두고 작성해야 한다.

결국 자기소개서를 쓰기 힘든 이유는 자신에 대한 성찰 부족, 회사의 요구사항에 대한 이해 부족, 그리고 회사에 맞는 경험과 경력 부족에 있다. 하지만 이것보다 더 중요한 것은 독자인 회사 입장에서 생각하고, 그에 맞는 전략적인 글을 쓰는 데 익숙하지 못한 데 있다. 그렇다면 자기소개서에는 어떤 내용을 구체적으로 담아내야 하는 것일까? 현재 많은 회사들에서 빈번하게 묻고 있는 자기소개서 질문 항목들을 통해 자세한 자기소개서 쓰기 요령을 터득해 보기로 하자.

2) 질문 항목별 자기소개서 쓰기의 요령

자기소개서에서 어떤 내용을 묻고 있는가를 들여다보면, 회사마다 다소의 차이점을 드러낸다. 그러나 대부분의 회사에서 공통적으로 요구하는 사항들을 종합해 보면, 다음의 다섯 가지 항목으로 압축할 수 있다. 물론 회사에 따라서 구체적인 내용들은 조금씩 달라질 수 있겠지만, 큰 틀 안에서 많이 벗어나지는 않는다. 그리고 이러한 내용을 기술하는 데 있어서 글자 수나 조건을 지정해 주는 경우도 많기 때문에 한정된 공간 안에서 최대한 자신을 보여 줄 수 있도록 연습해야 한다.

① 성장배경
② 성격의 장단점
③ 학창시절
④ 경력사항
⑤ 지원동기 및 입사 후 포부

(1) 성장 배경

이 부분에서 자신의 일대기를 기술하는 경우가 많다. "저는 1남 1녀의 둘째로 태어나~" 등의 기술은 불필요하다. 이는 이력서에 있을 뿐 아니라 회사 업무를 하는 데 있어서도 별로 중요한 요인이 아니다. 성장 배경에서도 나의 업무와 관련된 이야기의 기술이 있으면 좋겠지만, 억지로 이런 내용을 작성해야 한다는 강박은 가질 필요가 없다. 다만, 회사는 공동체 생활을 해야 하는 조직임을 잊지 말고, 그에 맞는 인성과 기본 생활 태도가 잘 갖추어진 인재라는 것을 중점적으로 강조하면 된다. 선배들의 글쓰기 예시를 보고, 나에게 해당되는 과거의 사건들을 떠올려 보자.

자기소개서 쓰기에 관한 조언: 성장 과정을 쓸 때 생각해 볼 만한 사항

- 독특한 가정의 분위기(대가족, 조부모와 동거 등)
- 부모님의 교육 방침
- 본인의 전공에 맞는 본성을 어릴 적부터 표출했던 에피소드
- 부모님의 직업 정신으로부터 배운 점

○○전자 엔지니어

꼬마 전파사로 명성을 날리던 시절이 있었습니다

어려서부터 머릿속엔 항상 수많은 궁금증이 가득 차 있었고 끊임없는 생각 속에서 그 궁금증들을 풀기 위해 많은 희생 아닌 희생을 하였습니다. 나무로 짜인 발이 네 개 달린 흑백텔레비전부터 ○○마크가 찍힌 빨간 카세트, 조립식 라디오, 전자시계, 세탁기에 심지어 냉장고까지 어려서부터 전자제품을 보면 신기함과 동시에 어떻게 그것이 작동되는지가 궁금하였고 어김없이 그것을 분해해 보아야 했습니다. 덕분에 처음엔 부모님께 야단도 많이 들었지만 나중에는 친구들에게 전자제품 수리공으로 불리며 고장 난 기기들을 고쳐줄 정도로 전자제품에 대해 익숙해지게 되었습니다. 이렇게 시작된 전자제품에 대한 호기심은 우리나라 전자 기술의 발달과 함께 커져만 갔습니다. 그래서 전자전기공학을 전공으로 선택하게 되었고 대학에 입학한 후 컴퓨터 동아리에 들어가 디지털 미디어 장치에 대한 궁금증을 해결하고자 노력해 왔습니다.

○○은행 영업팀

저는 인사 하나만으로도 인적 네트워크를 구성할 자신이 있습니다

어릴 적부터 아버지께서는 저에게 인사의 중요성에 대해 강조하시곤 하셨습니다. 그래서 처음 뵙는 분이라도 제가 먼저 인사를 하고 예의를 갖추어야 한다고 가르치셨습니다. 한번은 아버지와 함께 집으로 돌아가는 길에 옆집 아주머니를 만난 적이 있었습니다. 옆집 아주머니께서는 아버지와 저를 보지 못하고 지나치시는 것 같아 저도 인사할 생각을 하지 못하고 지나쳤는데, 그때 아버지께서는 저를 크게 꾸짖으시며 다시 인사를 드리고 오라고 말씀하셨습니다. 저는 왔던 길을 되돌아 옆집 아주머니께 다시 인사를 드리고 돌아왔고, 사람 많은 곳에서 무안을 주신 아버지가 잠시 원망스러웠습니다. 하지만, 그런 아버지 덕분에 낯선 사람을 만나더라도 먼저 인사를 건네야 한다는 것을 알게 되었고, 교수님과 선배님은 물론 후배들에게도 먼저 밝은 인사를 건네는 습관을 갖게 되었습니다. 저의 인사하는 습관은 제 휴대폰 연락처 저장목록을 살찌웠고, 현재 500명이 넘는 사람과 꾸준히 관계를 맺고 있습니다.

(2) 성격의 장단점

완벽한 인간은 없다. 장점과 단점을 같이 기술해야 한다. 물론 자신의 지원 분야에 도움이 될 수 있는 측면을 강조하면 좋다. 회계 업무에 지원한다면 꼼꼼함이, 영업 업무에 지원한다면 사교적인 성격이 가장 중요한 부분일 것이다. 또한 동전에도 양면이 있듯이, 내가 가진 하나의 측면이 무조건 한 방향으로 읽히지 않을 수도 있다. 예를 들어, '사람을 좋아해서 만남을 즐기는 성격'이 일반적으로 좋은 성격이지만 많은 시간을 연구에 몰두해야 하는 직업이라면 꼭 장점이라고 볼 수 없고, '커피를 중독이라 할 정도로 좋아하는 것'이 일반적으로는 단점이 될 수 있을지라도 커피 회사에 지원하는 사람이라면 장점이 될 수도 있다. 다만 주의해야 할 점은 단점을 쓸 때 너무 극단적인 것을 써서는 안 된다는 점이다. 다음에 제시된 주의 사항을 보고, 자신이 가진 좋은 자질을 적극적으로 드러내 보자.

자기소개서 쓰기에 관한 조언: 장단점을 기술할 때 유의할 점

- 너무 지나친 자화자찬은 금물이다. 물론 자신을 열심히 알리기 위해, 본인의 긍정적인 측면을 부각시키는 것은 좋다. 하지만 그것이 도가 지나쳐서 반감을 사지 않도록 주의한다.
- 상대방이 수긍할 수 있게 설명해야 한다.
  ➡ 일방적으로 자신의 좋은 점을 통보하는 식이 되서는 안 된다. 자신의 장점을 뒷받침 할 수 있는 에피소드를 넣어서 근거로 삼아야 한다.
- 단점은 너무 극단적인 것을 쓰지 말아야 한다.
  ➡ "소심해서 어릴 때부터 혼자였다." 또는 "감정의 기복이 심하다." 등의 경우, 조직사회에 융화할 수 없는 성격이라 판단되어 탈락할 수 있다.
- 단점은 꼭 보완 방법과 함께 제시하도록 한다.
  ➡ 보완 방법은 구체적이고도 자세한 것이어야 설득력이 있다. 적극적인 방법으로 본인을 컨트롤할 수 있는 능력이 있음을 보여 주어라.

통닭집에서는 하루에 많은 폐기름들이 발생합니다. 다 쓴 기름들을 당일에 버리고 청소하지 않으면, 다 굳어 버려서 정리하기가 매우 힘이 듭니다. 저와 함께 일하던 파트타임 아르바이트 친구가 귀찮다며 혼자 일찍 퇴근해 버렸을 때, 혼자 남아 일을 처리하고 가야 할지, 저도 모른 척 하며 퇴근해야 할지 무척 고민했습니다. 결국 저는 모든 폐기름들을 혼자 모두 처리하고 퇴근했고, 다음 날 깔끔한 주방 환경을 보고 지점장님은 저처럼 책임감이 강한 아르바이트 학생은 처음이라고 칭찬해 주셨습니다.

하지만 이런 강한 책임감이 저를 육체적으로 힘들게 만드는 경우가 종종 있습니다. 제가 감당한 일들의 무게가 저를 짓누를 때마다, 저는

제가 하지 않으면 누군가가 해야 했을 일이라는 생각을 하면서 마음을 다잡습니다. 모든 것은 사필귀정입니다. 이렇게 도움을 주었던 곳으로부터 저는 늘 좋은 보답을 받아 왔습니다. 그래서 불평보다는 주어진 일을 모두 완수할 수 있는 체력이 우선이라고 생각했고, 지금도 열심히 새벽 수영을 통해 몸을 단련하고 있습니다.

(3) 학창 시절 및 경력 사항

핵심을 간단히 보여 주어야 한다. 모든 것을 빠짐없이 보여 주려고 하기보다는, 자신이 왜 지원 분야나 부서에 적합한지를 일목요연하게 기록해야 한다. 대부분의 신입 사원들은 경력이 없기 때문에 수상 내역이나 아르바이트, 과외 활동 등을 무작위로 나열하기 쉽다. 하지만 인사 담당자는 그런 사항을 일일이 눈여겨볼 만큼 많은 시간을 가지고 있지 않다. 버리기에 아까운 경력이라고 생각한다면 지원 분야와 관계되는 사항을 먼저 기술하고 나머지는 뒤에서 간단히 언급한다.

중요한 것은 나의 이야기를 들려주는 것이다. 특별한 지시 사항이 없다면, 성공 스토리를 쓰도록 한다. 자기소개서의 주인공은 1인칭 '나'이다. 사람의 능력이 가장 빛나는 순간은 일이 잘 진행되는 과정보다는 시련과 고난의 과정에 있다. 이런 점을 고려해서 힘든 상황에서 자신의 능력이 적절하게 발휘되었던 에피소드를 찾아 쓰는 것이 좋겠다. 이때 중요한 것은 '해결의 과정'이다. 어려움을 바라보는 시선과 극복하는 방법은 각자가 다르다. 그것이 곧 여러분의 가치관이다. '해결의 과정'에서 결국 너와 나의 '능력의 차이'가 드러날 것이다. 다음의 주의 사항을 꼭 기억해 두고 항목의 내용을 작성하도록 한다.

자기소개서 쓰기에 관한 조언: 에피소드를 쓸 때 유의할 점

- 나열식은 절대 금물이다.
  - ➡ 본인이 가지고 있는 경력들을 모두 보여 주겠다는 마음에 알맹이 없이 껍데기만 쭉 나열하는 경우가 많다. 이런 경우, 독자(인사 담당자)에게는 전혀 감흥이 없다.
- 지원 분야에 맞는 경력을 우선시해야 한다.
  - ➡ 동일 회사나 혹은 동일 분야의 인턴십 경험, 수상 경력, 프로젝트 경험 등이 중요하다. 이러한 거창한 것이 아니라도, 본인이 지원하는 분야에 필요한 능력을 갖추었음을 학창 시절 경험과 경력을 통해 보여 주어야 한다.
- 일화와 에피소드를 쓴 후, 그런 경험을 통해 얻은 나만의 노하우와 깨달음을 제시해야 한다.
  - ➡ 어떤 것을 했다는 식의 간단한 소개만으로는 그런 경력을 통해 무엇을 얻었는가를 보여 줄 수 없다. 구체적인 일화를 소개하고 그것을 해결하는 과정을 보여 주면서 나의 성숙함을 보여 주는 데까지 나아가는 것이 중요하다.

마케팅

백투백 홈런을 날리는 감각적인 마케팅 본능

마케팅 전문가가 되는 것은 대학 초년 시절부터의 꿈이었습니다. 그래서 전공인 경영학뿐만 아니라, 사람들의 소비 특성을 이해하기 위해 심리학을 복수전공 하였습니다. 특히 저희 학교 심리학과는 광고심리학에 정통하신 교수님들께서 많아, 좋은 사례들과 실습들을 익힐 수 있었습니다. 덕분에 경영학에서 배운 마케팅 지식에 심리학에서 배운 소비자에 대한 통찰력이 더해져, 마케팅 관련 프로젝트를 수행할 때마다 더 큰

시너지 효과를 낼 수 있었습니다.

최근에 참가한 레인보우 페스티벌의 경우가 마케팅에 관한 지식과 심리학의 통찰력이 더해져 빚어진 결과였다고 생각합니다. 제가 담당했던 페스티벌 놀이 콘텐츠는 자신이 좋아하는 가수의 공연을 기다리는 동안, 남는 시간을 활용하고 싶어 하는 고객들의 심리를 이용한 것이었습니다. 최소의 투자로 최대의 효과를 거두기 위해, 남이섬이라는 공간의 지형지물을 최대한 이용했습니다. 또한 '보물찾기'라는 미션을 제시하여, 어린 시절 보물을 찾아 모험을 떠나는 꿈을 꾸었던 추억을 자극했습니다. 이러한 점을 종합하여 제가 제안한 콘텐츠의 이름은 '남이섬 보물찾기 스템프 투어'였습니다. 페스티벌에 참가한 고객들은 남이섬의 명소를 돌아다니며 스템프를 찍는 미션을 수행하고, 명소 중 한 곳에 숨겨진 보물 쪽지를 찾아내면 추첨을 통해 상품을 주었습니다. 남녀노소를 막론하고 누구에게나 사랑 받는 아이템이 되었고, 페스티벌이 열리는 2박 3일의 기간 동안 대기표를 나눠 주어야 할 정도의 큰 인기를 끌었습니다. 이처럼 고객이 사랑하고, 고객이 다시 찾는 마케팅 아이디어를 창출할 자신이 있습니다. 전문성과 통찰력의 조화를 지닌 마케팅 전문가가 되겠습니다.

영업

나 자신의 한계를 시험한 도전 정신

○○월드의 '수입 보조원'과 ○○○의 'Customer Assistant'의 일은 같은 시기에 저를 찾아왔습니다. 주위 사람들은 두 개의 일을 한꺼번에 맡는다는 것은 물리적으로 힘든 일이라며 만류하였습니다. 그러나 저는 기꺼이 저의 한계에 도전하는 방향으로 결정을 내렸습니다. 새벽 3시

30분에 출근해서 12시 30분까지 마사회 근무를 했고, 14시부터 20시까지는 ○○월드에서 일했습니다. 두 회사 사이의 동선을 최소화하기 위해 근무기간 동안 찜질방에서 생활했고, 하루 3시간 이상 잠을 잘 수 없었습니다. 그러나 초청된 외국인 고객들이 한국에서 편안하게 지낼 수 있도록 책임져야 하는 마사회의 업무와 독일어 및 영어를 바탕으로 놀이기구의 수입을 보조해야 하는 ○○월드의 업무를 모두 경험하는 재미에 힘든 줄 몰랐습니다. 마사회에서 외국인 고객 전문 Customer Assistant로 근무하면서 외국인 고객들에게 편안한 친구가 되기 위해 외국인들의 check-in을 직접 도왔고, 한국의 전통 예절인 절을 보여 주면서 친화력을 익혔습니다. 또한 ○○월드에서는 기업 간의 다소 긴장된 분위기 속에서 냉정함과 신속함을 익혔습니다. 이 모든 일은 육체적인 한계를 극복하는 과정이었습니다만, 젊은이의 패기로 이겨 냈습니다. 영업 전반에 걸친 일들에 모두 관여해 보았고, 그 과정 속에서 현장의 값진 경험을 쌓을 수 있었습니다.

(4) 지원 동기

기업의 입장에서 지원 동기는 실제적인 관심사가 되므로 자기소개서의 핵심적인 평가 항목이 된다. 다른 항목에서 아무리 유능한 인재로 판단이 되었다 하더라도 이 부분에서 확고한 모습을 보이지 못할 경우 신뢰감을 잃을 수 있다. 기업에서는 능력을 인정받는 사원들이 자기가 맡은 분야에서 성취감이나 의욕을 느끼지 못해 퇴사하는 경우를 많이 접하였기 때문에 일에 대한 확고한 의지가 잘 표현된 자기소개서를 중요하게 생각한다.

또한 '자신의 성장에 회사가 도움이 된다'는 식의 기술은 피해야 한다. 회사는 교육기관이 아니며, 영리 기관이라는 점을 잊어서는 안 된다. 회사의 이익에 도움이 되는 인재를 뽑아 더 많은 이윤을 추구해 내기 위하여 회사는 인재를 고용하는 것이다. "○○이라는 큰 회사에서 일하며 한 단계 더 큰 도약을 하고자 합니다." 등의 표현은 안 된다. 회사가 나를 위해 존재한다는 식의 입장을 보이는 것은 '입사'에 대한 이해 부족을 드러내는 것이다.

> 착한 야구, 착한 놀이, 우리는 야구 팬심으로 하나가 된다
>
> '전 국민이 즐기는 야구'를 목표로 ○○○은 많은 사회 공헌 활동을 진행하고 있습니다. 스포츠를 즐길 여유가 없는 저소득층에게 스포츠 관람 비용을 보조하여 야구를 즐길 수 있게 해 주고, 다문화 가정 및 장애인 등을 경기장에 초청하여 소외계층이 야구를 즐길 수 있도록 돕는 '바우처 사업'을 진행 중입니다. 바로 이것이 스포츠가 하나의 문화가 될 수 있는 가능성을 보여준다고 생각합니다. 스포츠는 함께 즐기고 소통하는 과정 속에서 하나의 동질감이 형성되고, 하나로 연대할 수 있는 문화의 가능성을 보여줍니다. 제가 ○○○에서 일하게 된다면, ○○○의 이런 공공적인 면을 더욱 부각시키고 싶습니다. 스포츠가 단순히 즐기기 위한 수단이라는 차원에서 벗어나, 문화의 아이콘으로 인식되고, 모두가 즐기며 스트레스를 풀 수 있는 건강한 놀이문화라는 점을 부각시키고 싶습니다. 이 과정 속에서 힘들고 소외된 친구들에게 관람의 기회를 주는 '착한 놀이 문화'라는 점을 마케팅해서, '즐기면서 베푼다'는 이미지 마케팅을 펼치고 싶습니다. 이를 통해 더 많은 야구팬들이 경기장을 찾게 될 것이라는 확신을 가지고 있습니다.

(5) 입사 후 포부

가장 구체성이 떨어지고, 뜬구름형으로 기술하여 마무리 짓는 부분이다. 미래에 대한 구체적인 꿈이 없는 경우가 많기 때문일 것이다. "뽑아만 준다면 이 회사에서 청춘을 불사르겠다." "뽑아만 준다면 이 회사에 뼈를 묻겠다." 등의 과장된 문장은 설득력을 가지지 못한다. 예를 들어 "10년 후에 세계 최초 반고체 렌즈 삽입 카메라 모듈 개발을 통하여 ○○회사가 업계의 선두를 지켜나가도록 반고체 렌즈에 대한 지속적인 연구 개발을 진행할 것입니다." 와 같이 구체적인 목표와 계획을 제시해야 한다. 이러한 계획은 무엇보다 자신의 미래와 함께 회사의 성장도 함께 보장하는 내용이어야 한다.

> 토마스 모어의 책에 등장하는 유토피아는 이상향을 의미하는 말로 쓰이지만, 본래의 뜻은 어느 곳에도 존재하지 않은 곳이라는 뜻을 가지고 있습니다. 즉, no where를 의미합니다만, 'w' 하나만 갖다 붙이면 now here로 변합니다. 마음먹기에 따라 어느 곳이든 이상향이 될 수 있습니다. 못할 일은 없다고 생각합니다. 제가 일하는 곳 그곳이 저의 유토피아입니다. 이러한 마음가짐으로 ○○○의 LCD의 Module 사업본부에서 핵심 기술을 연마하고 신기술을 창출하여 실력으로 인정받는 사원이 되겠습니다. 학부 시절의 전공을 바탕으로 Module Center에서 근무하며, 공정기술의 TAB Part와 조립기술 Part에서 3년씩 Job Operation할 것입니다. 또한 기술적 지식이외에 매일 새벽 1시간씩 일찍 일어나 7시 30분에 시작하는 사내 중국어, 폴란드어 어학 수업을 하루도 빠짐없이 수강하여 글로벌 감각을 향상시키는 데 노력을 아끼지 않을 것입니다. 더 나아가 사내 Belt 제도에서도 주어진 프로젝트와 필기시험 등을 최고의 성적으로써 Black Belt를 따고 있을 것입니다. 10년

후면 해외 Module 공장에서 5년째 가족들과 함께 생활하며 근무할 것이고, 자신의 능력을 가장 화려하게 빛낼 수 있는 시기라는 과장 직위에 서 있을 것입니다.

3) 자기소개서 쓰기의 실제 사례

자기소개서를 쓸 때에는 다음의 사항을 주의해야 한다. 자기소개서는 각 단락이 하나의 완결된 글이면서도 '입사'라는 하나의 주제를 향해 나아가야 한다. 그리고 이러한 주장을 뒷받침하기 위해서는 객관적인 증거가 필요하다. 자기소개서의 근거는 경험과 경력을 구체적으로 제시하는 것에서부터 시작된다.

수정 전

○○○라는 곳에서 일한 경험이 있는데 같이 입사한 동기와 매주 월요일 마다 가격이 떨어지는 상품의 가격표를 바꾸고 위치를 옮기는 특수한 업무를 배웠습니다. 그렇게 동기와 함께 시작했지만, 곧 습득이 빠른 저 혼자 그 일을 도맡게 되었습니다. 한 사람에게 3개월 정도만 맡기는 일이었는데, 저는 8개월가량 하면서 담당 매니저에게 '리더'라는 별칭으로 불리기도 했습니다. 직장 생활에서도 이러한 적극성을 발휘해 업무에 매진하겠습니다.

수정 후

기본부터 배워서 최고가 되겠습니다

○○○라는 의류 판매 업체에서 일할 기회가 주어졌습니다. 동기와 함께 '설치'라고 부르는 일을 매주 월요일마다 실행하는 일을 맡았습

> 니다. 월요일마다 가격이 떨어지는 상품을 구분하고, 각 가격표를 교체하고, 위치를 옮기는 특수한 업무였습니다. 일은 동기와 함께 배웠지만, 업무 분담을 하면서 저 혼자 맡게 되었습니다. 그 일은 3개월 정도 하고 다른 직원에게 인수인계 해주는 식으로 계속 로테이션되는 것이었는데, 뜻밖에도 업무 능력을 인정받아서 8개월가량이나 계속 하게 되었습니다. 다른 친구들보다 더 빨리 배치하고, 가격들을 외워서 능률 있게 짧은 시간 안에 모든 일을 완료할 수 있었기 때문입니다. 담당 매니저께서는 매번 저를 '리더'로 불러주시면서, 제가 하는 일을 무한 신뢰해 주셨습니다. 이렇게 빠른 배치와 전환을 할 수 있었던 것은 물품의 종류와 배치를 외우고, 가격들을 모두 알고 있었기 때문입니다. 작은 일을 하더라도 기본에서부터 철저히 배워 나가는 저의 장점이 발휘된 것입니다.

수정 전 예문은 한 학생이 쓴 경력 사항(아르바이트)의 내용이다. 자신이 특별히 잘했던 일화를 들어 직장생활에서 누구보다도 더 적극적인 태도로 임무를 완수 할 수 있음을 기술하고 있다. 그러나 이 글을 읽고 독자는 '리더'라는 저자의 주장에 선뜻 동의하기 어렵다. 어떠한 근거도 제시하지 않은 채, 단지 본인의 일방적인 주장만을 펼치며 독자에게 믿어 줄 것을 강요하고 있기 때문이다. 특히 "직장 생활에서도 이러한 적극성을 발휘해 업무에 매진하겠다."라고 했는데, 구체적으로 어떤 것인지에 대한 가능성을 점쳐 보기 어렵다.

수정 후 예문은 자신의 구체적인 에피소드를 들어 설명하고 있다. 이는 자신의 주장을 객관적으로 증명하는 과정이라고 볼 수 있다. 자신만의 차별화된 노하우와 노력이 덧붙여지면서 지원하는 분야에 어떤 연관성을 가지고 기여할 수 있는지를 가늠하게 해 준다. 중요한 것은 지원자로서의 적합성을 설득하는 구체적인 글이 되어야 한다는 점이다.

4) 각 글에 헤드라인 달기

자기소개서에서 헤드라인이라고 부르는 것은 한 줄 정도로 내용 전반을 요약해 제시하는 방법을 말한다. 기사문에서 대제목 혹은 부제라는 이름으로, 전체의 내용을 한 눈에 보기 좋게 정리해주는 글쓰기 방법과 비슷하다. 한마디로 말해, 글의 내용을 압축하여 인상적으로 보여주는 작업이라고 하겠다. 그렇기 때문에 제목이 본문의 내용에서 벗어나거나 너무 추상적이 되어서는 안 되고, 재미없는 요약문에 머물러서도 안 된다. 매력적인 제목을 달아 글을 구성하면 다른 글에 비해서 더욱 튀어 보이고, 좀 더 쉽게 자신만의 독특한 글의 매력을 드러낼 수도 있다.

광고를 예로 들어 생각해보자. 광고에서 헤드라인은 고객을 선정하고 그 타깃으로 주의를 집중시키는 역할을 한다. 그리고 자연스럽게 본문으로 시선을 유도하는 기능을 갖는다. 이는 자기소개서도 그대로 적용될 수 있다. 자기소개서 내용을 접하는 인사 담당자에게 헤드라인은 좋은 안내자의 역할을 할 것이며, 흥미를 갖고 본문의 내용으로 빠져들도록 만드는 효과를 줄 것이다. 광고가 제품을 소구하는 것이 최종 목적이듯이, 자기소개서는 인사 담당자에게 선정되어 합격으로 이어지는 것이 최종 목적이라는 점을 기억해야 한다. 광고와 자기소개서에서 쓰는 헤드라인은 결과적으로 매우 유사한 최종 목적을 갖는다. 따라서 광고 헤드라인을 쓰는 방법을 자기소개서에도 도입시킨다면, 더 좋은 기대 효과를 창출할 수 있을 것이다.

광고의 카피를 뽑아내듯이 좋은 문구를 뽑아내야 한다는 어려운 도전을 어떻게 하면 좀 더 효과적으로 수행할 수 있을까를 생각하면서, 광고에서 쓰였던 카피의 문구를 활용하여 다음과 같이 헤드라인을 작성해 보았다.

수사법	광고 카피	완성된 학생들의 자기소개서 헤드라인
직유법	산소 같은 여자(아모레 마몽드)	엄마 같은 리더십의 소유자
은유법	결코 닫히지 않는 도서관(브리태니커 백과사전)	자동차의 생명은 브레이크입니다. 그런 브레이크를 공부했습니다.
풍유법	순간의 선택이 10년을 좌우합니다.(금성사)	길동무가 좋으면 먼 길도 가깝습니다.
영탄법	아! 이젠 정말 끊고 싶다.(니코틴엘)	게임! 내 인생의 매혹적인 판타지
반복법	봄을 타십니까? 피로를 타십니까?(아로나민 골드)	창조성을 지녔습니다. 성실함을 지녔습니다. 적극적인 자세와 용기를 지녔습니다.
비교	전 비누를 쓰지 않아요(뉴트로지나)	젊었을 때 쉽게 돈 버는 것은 사양합니다.
역설법	재산쯤이야 다 없어져도 좋다(한국화재보험협회)	공부 방법을 몰라서 공부를 못하는 사람들도 있습니다.
반어법	피아노 소리가 축축하다?(물먹는 하마)	은행 상품을 고객에게 팔지 않겠습니다.
중의법	저도 알고 보면 부드러운 여자에요.(맥심 모카골드)	꼼꼼한 쪽지 쓰기에 큰 귀를 가진 나
가정법	이 세상의 책을 다 읽을 수 있다면, 그럴 수 없다면 좋은 책을 먼저 읽으십시오.(웅진문화)	사람과 사람 사이에 내가 있을 수 있다면(People & People)
인용법	신토불이(농협)	저를 키운 것은 8할이 프로젝트입니다.
설의법	세수하면 여드름이 없어진다?(아크나)	차는 써 본 사람이 안다?
도치법	벗어라, 프로스펙스가 아니면!(프로스펙스)	눈물이 났습니다, 태극기만 봐도.
증언	이런 아파트에서 살고 싶어요.(대우아파트)	초등학교 죽마고우 C양 "제 친구요? 풍부한 아날로그적 감수성에 기반한 유연성을 가진 청년이죠."
고사성어	길고 짧은 것은 써 봐야 안다.(듀라셀 건전지)	매사(每事)에 칠전팔기(七顚八起)의 정신(精神)으로 입장 바꿔 생각합시다.
닉네임	빨간 홍삼원으로 진하게 살자 이거죠.(홍삼원)	정신적 지주, 나는 카운슬러

이상과 같은 흥미로운 헤드라인을 통해 자기소개서를 끝까지 읽고 싶도록 만들고, 뚜렷하게 각인시켜 기억에 남기는 것이 중요하다. 광고에서도 진솔한 스토리를 담은 카피가 중요하듯, 결국 진솔한 자신의 '이야기'를 담아낸 자기소개서가 나의 개성을 대변해 줄 수 있다.

사람과 사람 사이에 내가 있을 수 있다면(People & People)

여드름으로 가득 덮인 얼굴에 그리 크지 않은 키. 한창 민감할 중·고등학교 시절은 외적인 모습들로 인해 위축되고 열등감을 느끼며, 내가 갖지 못한 것들에 불평하며 짜증내던 철없는 시절이었습니다. 그러나 고교 시절, 담임선생님과 반 친구들을 중심으로 '인터렉트'라는 봉사 동아리를 조직한 후부터 조금씩 달라졌습니다. 독거노인 분들을 정기적으로 방문하며 밑반찬을 배달하였고, 헌혈의 집을 방문하여 주변 지역에서 헌혈을 권유하는 활동을 시작했습니다. 또한, 부모 없는 장애 아동들이 있는 복지시설을 방문하여 씻기고, 함께 놀며 청소하는 등의 다양한 봉사활동을 하였고, 이러한 활동들을 인정받아 친구들의 추천으로 표창까지 수상하였습니다. 그중에서도 가장 힘들었던 봉사는 아이들 목욕시키기였습니다. 그러나 목욕 후 어느새 말끔해진 아이들을 볼 때의 뿌듯함, 그리고 더운 날씨에 먼 길 와주어 고맙다고 하시며 아이스크림 사먹으라고 꼬깃꼬깃한 천 원짜리 하나 찔러 주시던 허리 굽은 할머니, 다음에 헌혈하겠다던 대학생 형들을 끝까지 쫓아가 끝내 설득했던 모든 일들이 지금은 값진 경험들이 되어, 열등감 대신 어느새 적극적이고 긍정적인 태도를 갖게 해 주었습니다.

연습 문제

1. 자신의 특성 가운데 각 항목에서 하나의 특성만 선택하여 에피소드의 개요 형식으로 기술해 보자.

질문 사항	개요 작성 내용
자기소개서의 주인공은?	자기소개서의 주인공은 '나'이다. 모든 이야기는 내가 주인공이 되어 전개된다.
어떤 경험을 자기소개서의 소재로 삼고 싶은가?	
갈등의 대상 혹은 갈등의 원인은 무엇인가?	
어떤 노력을 기울여 갈등을 해소하기 위해 노력하였는가?	
갈등 해결 과정에서 자신의 어떤 능력이 발휘되었는가?	
이번 사건에서 자신의 가치관은 어떻게 발전하였는가?	
이번 사건을 통해 잘 다듬어진 나의 능력이 회사에서 어떻게 발휘될 수 있을 것으로 보이는가?	

2. 1번을 통해 작성된 내용을 바탕으로 자기소개서를 완성해 보자.

3. 다음의 자기소개서를 읽고, 창의적인 헤드라인을 붙여 보자.

지원 분야: ○○제과 마케팅

헤드라인: ______________________________

저의 청소년기를 떠올려 보면 눈에 띄지 않는 조용하고 내성적인 아이였습니다. 하지만 청년기에 접어들면서 저의 성격이 점차 변화되고 있다는 것을 느꼈습니다. 그 계기 중에 하나는 넉넉하지 않은 가정 형편이었습니다. 이런 상황은 오히려 다른 이들이 가지지 못한 것을 소유할 수 있게 해 주었습니다. 언제나 남들보다 먼저 일어나 새벽을 맞이하고 늦게 잠자리에 드는 생활을 거듭하였고, 전문대 생활을 마무리하고 4년제 대학에 다시 편입할 수 있었던 것 모두 제가 가진 성실과 오기 덕분이었습니다.

스무 살부터 쭉 아르바이트를 해 왔습니다. 시장 바닥에서 배추도 날랐고, 종로 한복판에서 복조리도 팔아 보았고, 회사에서 사무보조도 해 보았습니다. 이런 일들이 전적으로 마케팅 관련 일을 하는 데 도움이 될 거라고는 생각하지 않습니다. 다만 이런 일을 하면서 제가 배웠던 것은 고객 파악과 전략 구축이었습니다. 고객의 NEED를 파악하고, 상품의 장점을 PR하는 능력을 저는 실전에서 배울 수 있었습니다.

지원 분야: ○○건설 엔지니어

헤드라인: ______________________________

○○○○년 마포 아파트 건설현장에서 현장 분위기를 배우고자, 2달간 아르바이트를 한 경험이 있습니다. 건축시공에 관심을 갖고 있기 때문에 현장에서 일한다는 부분이 흥미로웠습니다. 하지만 이동 시간이 1시간 반이라 첫차를 타고 출근해야 했고, 요령이 없어 일에 능률이 오르지 않았습니다. 2주가 지났을 무렵 너무 힘이 들어 그만두고 싶은 마음이 생겼고, 지금 하는 일이 앞으로 내 미래에 도움이 되지 않을 것이라는 회의마저 들었습니다. 하지만 꼭 무언가 배워서 나가겠다는 처음의 각오를 떠올리며, 이를 악물고 참았습니다. 날이 갈수록 너무 작다고만 생각했던 일용 노무자의 일이 매우 크게 다가왔습니다. 그 후 나이 많으신 동료분들께 일의 요령을 배울 수 있었고, 이런 저의 노력을 기특하게 여기신 소장님께서는 현장의 이곳저곳을 돌아다닐 수 있는 기회도 주셨습니다. 다음 해 준공을 기다리는 현장을 방문하여 완성된 건물의 모습을 보았을 때 건설의 힘은 다름 아닌 '사람'이라는 것을 깨닫게 되었습니다.

3장

칼럼 쓰기

1. 칼럼이란 무엇인가

칼럼(column)이란 신문과 잡지에 쓴 글로서, 시사적이고 사회적인 문제나 쟁점에 대해 개인의 견해나 주장을 피력한 글이다. 칼럼은 시의성을 중시하여 쓰기 때문에 시평(時評)이라고도 한다. 신문에는 주로 '오피니언'이라는 칸에 필자의 견해나 주장을 개진하는 칼럼이 실린다. 칼럼은 특정 전문가나 기명의 칼럼니스트들이 쓴 글로서, 논리적이고 딱딱한 사설(社說)에 비해 부드러운 문장과 표현으로 글쓴이의 개성과 목소리를 드러낸다. 그렇기 때문에 글쓴이의 주관과 개성이 사설에 비해 잘 드러난다. 칼럼은 일화나 인용을 통해 어떤 사회적인 문제나 쟁점에 대해 글쓴이의 비판적인 시각을 드러내는 것으로서, 글쓴이의 견해나 주장 등이 중심을 이룬다.

칼럼은 그 당시 사회적인 문제나 쟁점을 다룬다는 점에서 세상과 연결되는 통로이며 창이라고 할 수 있다. 이런 점에서 칼럼은 세상과 소통하는 글쓰기라 할 수 있다. 논리적이고 설득적인 글쓰기가 모두 그렇듯, 칼럼 역시 자신의 견해나 주장에 대한 타당하고 합리적인 논거가 제시되어야 한다. 그래야만 독자들을 효과적으로 설득할 수 있다.

2. 좋은 칼럼의 요건

좋은 칼럼은 무엇보다도 자신의 견해나 주장에 대해서 논거가 확보된 논증적인 텍스트여야 한다. 칼럼은 어떤 사실로부터 논거를 통해 자신의 주장을 증명하는 것이라 할 수 있다. 또한, 좋은 칼럼은 어떤 사회적 문제나 쟁점에 대해서 비판적이고 열린 사고를 바탕으로 자신의 관점을 드러내야 한다. 쟁점에 대해서 아무런 의심 없이 그대로 받아들이지 않고, 자기 나름의 생각을 바탕으로 되짚어 보면서 논거를 제시하여 논증하는 글임을 잊지 말아야 한다. 일반적으로 좋은 칼럼 쓰기의 요건을 제시하면 다음과 같다.

1) 논증의 타당성

좋은 칼럼은 자신이 주장한 의견에 대해서 충분한 논거가 확보되어야 독자가 글쓴이의 주장을 타당하게 받아들인다. 자신의 비판적인 시각이나 주장에 대한 논거 제시는 독자의 설득력을 높인다는 점에서 중요하다.

2) 비판적인 시각과 열린 사고

비판적이고 열린 사고를 해야 한다. 좋은 칼럼은 자기 나름의 생각이 담긴 글이며 이러한 글은 평소 타인의 말 혹은 사물이나 현상을 있는 그대로 받아들이지 않고 비판적이고 창의적으로 생각하는 자세에서 비롯된다.

3) 통일성

글의 통일성은 어떤 글에서든 가장 기본적인 원칙으로서, 자신의 논지에 대한 일관된 흐름을 유지해야 한다. 논지가 흐트러진 글은 아무리 필력이 좋아도 실패한 글이라는 사실을 알아야 한다.

4) 시의성

칼럼은 시의성을 중시한 글이다. 칼럼이 시사적인 현안이나 사안에 대한 글이라는 점에서 시의성을 담은 칼럼은 바로 세상을 들여다보는 창이라 할 수 있기 때문이다.

3. 칼럼을 어떻게 쓸 것인가

칼럼 쓰기의 일반적인 방법은 다음과 같다. 우선, 주어진 칼럼을 읽고 논지를 파악한다. 논지 파악은 글쓴이가 제기한 문제와 이에 대한 글쓴이의 주장이나 의견을 파악한 후, 글쓴이가 제시한 논거의 타당성 여부를 검토한다. 논지가 파악되었으면 주제를 설정해야 한다. 주제는 정리한 논지를 바탕으로 핵심 키워드를 뽑아서 시의성 있는 주제를 설정하도록 한다.

다음으로 해야 할 작업은 자신이 쓸 주제와 관련된 자료를 수집하고 정리하는 것이다. 자료를 수집할 때 무턱대고 많은 분량의 자료를 찾는 것이 아니라 자신이 쓸 주제에 해당하는 직접적인 자료를 취사선택하는 것이 좋다. 그리고 주제와 관련된 자료를 검토한 후, 자신의 입장이나 관점을 정리한다. 이 과정에서 중요한 사항은 자신의 주장의 문제점이나 상대측이 제기할 수 있는 반박에 대해서 충분히 점검하는 것이다. 그래야 입체적인 글쓰기가 된다.

다음 단계는 자료 활용 및 논증 방식 구상이다. 이 단계에서는 분석한 자료를 활용하여 자신의 입장이나 관점을 어떻게 논증할 것인지, 자료 활용 방법 및 논증 방식을 구상한다. 논증 방식은 일반적인 글쓰기에서 많이 활용되는 예시(예증), 검증된 이론(인용), 구체적인 통계자료, 반박 등을 필요로 한다. 독자의 설득력을 확보하기 위해서는 대표성이 있는 2개 이상의 예를 제시하는 것이 좋다.

자료 활용과 논증 방식 구상하기가 끝났으면 이젠 칼럼의 제목을 정하고 개요를 작성한다. 제목은 본문의 내용을 포괄하는 것이어야 하고 개요 작성은 간결한 3단 구성이 효과적이다.

이상과 같은 절차를 거쳐 본문을 작성하고 퇴고하기를 하면 한 편의 칼럼이 완성된다. 칼럼 쓰기의 절차를 일목요연하게 정리하여 제시하면 다음과 같다.

① 칼럼 읽기와 논지 파악
② 시의성 있는 주제 설정
③ 주제와 관련된 자료 수집 및 정리
④ 자신의 입장이나 관점 정리
⑤ 자료 활용 및 논증 방식 구상하기
⑥ 칼럼의 제목 및 개요 작성하기
⑦ 초고 쓰기
⑧ 퇴고하기

4. 칼럼 쓰기의 실제

칼럼 1

탈로스의 발뒤꿈치에 있는 못을 뽑을 자 누구인가

대장장이의 신 헤파이토스가 인간의 모습을 본따 청동으로 제작한 '탈로스'는 제우스가 크레타섬의 왕 미노스에게 선물하면서 파수병으로 쓰였다. 탈로스는 하루에 세 번씩 섬을 돌며 이방인들의 침입을 감시하는 역할을 했다. 혹시라도 섬에 침입하려는 자가 있다면 거대한 돌을 던져 침몰시켰고, 구사일생으로 육지에 상륙한 이들이 있다면 자신의 몸을 순식간에 뜨겁게 달구어 그들을 껴안아 태워 죽였다.

청동으로 덮인 몸과 막강한 힘을 지닌 탈로스는 천하무적에 가까웠다. 이아손의 아르고호의 영웅들이 크레타섬에 상륙하기 위해서는 막강한 탈로스를 꼭 무너트려야만 했다. 탈로스는 머리부터 발뒤꿈치까지 연결된 혈관으로 영양분을 공급했는데, 그 혈관은 청동이 아닌 얇은 막으로 만들어져 발뒤꿈치에 있는 청동 못으로 고정되어 있었다. 이것이 유일한 약점인 것을 알아낸 아르고호의 영웅들은 메디아의 마법으로 탈로스를 깊은 수면 상태에 빠뜨린 후 섬에 상륙하였고, 탈로스의 발뒤꿈치에 고정된 못을 제거해 혈액을 모두 뽑아 그를 무력하게 만들었다. 그렇게 에너지 공급원을 잃어버린 탈로스는 파괴되고 마는데, 이것이 인류가 상상한 최초의 인공지능 로봇의 원형이 된다.

오래전 그리스의 사람들은 청동으로 만든 파수병 탈로스를 상상했다. 이처럼 인류는 오랜 세월 동안 막강한 힘과 지능으로 우리를 조력해 줄 창조물을 꿈꾸어왔다. 상상은 기술과 만나 현실이 되고, 인류의 끊임없는 도전은 세탁기나 진공청소기처럼 인간을 노동으로부터 해방시켜준 고마운 로봇들을 탄생시켰다. 이제 로봇은 후쿠시마 원전 사고와 같은 위험한 재난 상황에 투입되기도 하고, 몸속에 들어가 혈관 벽의 노폐물을 제거한 후 완벽한 복합 수술까지 성공적으로 완수해 내기도 한다. 또한 애완 로봇이나 감성 로봇으로 만들어져 인간의 정서를 케어하는 역할도 담당할 수 있게 되었다. 여기에 인공지능(AI) 기술이 탑재되면서 스스로 학습하고 정보를 분석할 수 있는 능력까지 더해졌다. 탈로스처럼 스스로 판단하고 움직이는 '인공지능 로봇'의 시대가 진실로 눈앞에 다가온 것이다.

사람들은 인공지능 로봇하면 영화 〈터미네이터〉의 T-1000과 같은 존재를 먼저 떠올린다. 영화 속 인공지능 로봇은 불사신과 같은 모습으로 인간을 끝까지 추격하여 파괴하려 든다. 그러나 과학자들은 자신의 존재를 자각하고 스스로의 의지를 지닌 T-1000과 같은 인공지능 로봇의 등장은 사실상 불가능하다고 말한다. 과거에도 인류는 삶의 패턴을 바꿀 정도의 획기적인 기술 앞에서 공포와 비슷한 반응들을 표출하곤 하였다. 산업혁명 때 직물공업에 기계가 보급되자 섬유 노동자들은 생활고의 원인을 기계의 탓으로 돌리고 '러다이트(Luddite Movement, 기계 파괴 운동)'을 일으켰다. 그러나 당시의 실업과 고용 감소에는 나폴레옹전쟁으로 인한 경제공황의 여파가 더욱 크게 작용하고 있었다. 또한 20세기 초에는 자동차의 대중적인 보급 현상을 우려했던 언론들이 자동차를 죽음의 기계로 묘사하고 비판하였다. 그러나 지금 자동차는 인류의 빼놓을 수 없는 수단이 되었다.

우리나라는 급속한 고령화 사회로 이미 접어들었다. 통계청은 2019년 현재 65세 이상의 고령자가 14.9%에 육박하였고, 2067년에는

46.5%에 달할 것으로 예상하고 있다. 전체 인구의 절반 가까이가 고령화 사회에 접어들었을 때, 누가 우리 사회의 중요한 비중을 차지하는 어렵고 위험한 일들을 감당할 것인가? 이것의 해답으로 많은 과학자들은 '인공지능 로봇'을 대안으로 제시하고 있다. 러다이트 운동의 대상이었던 기계들은 현재 다양한 역할을 담당하면서 우리에게 안전과 안락을 가져다주고 있으며, 죽음의 기계가 될 것이라고 예언했던 자동차는 우리 삶을 더욱 신속하고 편리하게 만들어 주었다. 우리 속담에 '구더기 무서워 장 못 담근다'라는 말이 있다. 핵심은 인공지능 로봇을 인류가 어떻게 사용하고 규제할 것인가를 논의하고 제도화하는 것에 있는 것이지, 무턱대고 배척하고 혐오하는 데 두어서는 안 된다. 탈로스의 발뒤꿈치에 있는 못을 뽑아 그것을 파괴하기 보다는 탈로스를 길들여 우리의 새로운 수단으로 써야 할 것이다.

칼럼 2

인공지능 시대, 축복인가 재앙인가

'구글 딥마인드 챌린지 매치' 1국에서 보여 준 알파고의 승리는 이세돌을 포함한 모든 인류에게 커다란 놀라움을 안겨주었다. 믿을 수 없는 패배 앞에서 이세돌은 다시 결의를 다졌지만, 알파고는 2국에서 10,000분의 1의 확률을 가진 '37수'를 두며 또 다시 압승을 거둔다. 이세돌은 알파고의 '37수'를 두고 인공지능이 가진 창의성을 인정할 수밖에 없었다는 요지의 인터뷰를 남겼고, 인간이 창조해낸 가장 복잡한 게임인 바둑에서조차 창의적인 수를 둘만큼 성장한 AI 기술에 인류는 복잡한 감정을 느끼게 된다. 연이은 3국의 패배를 목격한 사람들 중에서는 지구의 최강자의 위치에서 쓸쓸하게 내려올 인간들의 암울한 모습을 일찌감치 점치는 이들도 생겨난다. 인류는 점차로 이세돌의 패배를 인간의 패배처럼 느꼈고, 언론에서는 알파고를 '그' 혹은 '그녀'로 지칭하면서 마치 생명이 있는 대상인 것처럼 지칭하기 시작했다.

그래도 이세돌은 포기하지 않았다. 4국 중반에 흑돌 사이에 끼워 넣은 '78수'는 '마법의 한 수'가 되어 철옹성처럼 굳건하던 알파고에게 패배를 안겨준다. 이세돌의 '78수' 역시 10,000의 1의 확률로 둘 수 있었던 단 하나의 수였고, 이세돌이 보여준 포기하지 않는 투지와 알파고의 패배는 여전히 인간이 건재하다는 것을 증명해 주는 것과 같은 작은 위안을 남겼다. 알파고 이전 AI는 우리에게 SF 소설과 영화 속에서나 다루어지는 먼 미래의 기술이었다. 마치 전기톱을 든 살인마를 보며 2시간을 공포에 떨다 극장의 불이 켜진 후에 나는 아직 살아 있고 전기톱 살인마는 현실에 존재하지 않았음을 알고 안도의 한숨을 내쉬듯이, AI는 그간 스크린이나 이야기 속에 존재하는 상상의 먼 존재에 불과했다. 그러나 알파고 이후, AI는 바로 '지금'으로 소환되었다. 이세돌의 패배는 인류 패배의 '모의실험'과 같은 공포 효과를 안겨 주었다.

AI의 전방위적인 영향력은 실로 막강하다. AI 로봇은 각종 산업체에서 인간을 대체하여 작업을 수행하는가 하면, 가정에서 요리까지 하는 등 못 하는 일이 없을 정도다. AI는 인간만이 성취할 수 있는 고유의 영역이라고 믿었던 예술 분야에까지 진출하고 있다. AI가 쓴 초단편소설 「컴퓨터가 소설을 쓰는 날」은 닛케이신문 주최의 호이시 신이치상에 응모하여 1차 심사를 통과하였다. 심사위원들은 AI가 쓴 소설이라는 것을 아무도 눈치채지 못했다. 또, 미국 예일대의 도냐 퀵 교수는 '쿨리타'라는 인공지능 프로그램으로 음악을 작곡하였고, 튜링 테스트에 통과

하였다. 이후 100명의 청중들에게 쿨리타가 작곡한 음악과 사람이 작곡한 음악을 들려주고 사람이 작곡한 음악을 선택하도록 요청하였는데, 쿨리타의 음악이 더 많이 선택되는 놀라운 결과를 얻게 된다.

AI는 지금 이 순간에도 실시간 검색어를 집계하고 있으며, 소비 패턴에 맞는 상품들을 적극적으로 추천해 준다. 가장 중요한 기사를 빅데이터로 분석하여 포탈의 메인 화면에 노출시켜 여론을 주도하고 있고, 우리는 그것이 대중의 생각이라고 믿어 의심치 않는다. 심지어 인간의 죄 유무를 판결하는 재판까지도 담당하는 일명 '알파고 판사' 시대가 도래할 날도 멀지 않았다. 인간이 만들어 낸 피조물에 의해 자신들의 죄의 유무를 맡겨야 하는 주객전도의 아이러니한 현상이 일어나고 있는 것이다. 이른바 인공지능 습격의 시대에 우리 인간이 직면하게 된 것이다.

2017년 유럽연합은 AI 로봇의 법적 지위를 '전자인간'으로 지정하는 결의안을 통과시켰다. AI는 점점 더 우리의 생활 속 깊숙한 곳으로 파고들고 있다. 이미 다가온 인공지능의 시대를 어떻게 거스를 수 있겠는가? 과거로 회귀할 수는 없는 노릇이다. 중요한 것은 인공지능이 인간을 넘어서서는 안 된다는 사실이다. 현재에도 미래에도 우리들에게 필요한 것은 과학기술에 대한 윤리적 목적과 책임의식이다. 다시 말해서 인간의 존엄성 구현이라는 철학적 사유야말로 미래사회에 펼쳐질 인공지능 시대에 진정으로 필요한 소중한 가치라는 사실을 잊어서는 안 된다. 인간의 존엄성 구현이라는 철학적 사유가 부재한 인간에게 인류의 운명을 좌우할 원자폭탄을 맡길 수는 없는 노릇이니 말이다.

지금으로부터 약 200여 년 전, 영국의 작가 메리 셸리는 시인 바이런으로부터 죽은 개구리의 뒷다리가 전기 자극을 받아 마치 살아 있는 것처럼 꿈틀거렸다는 이야기를 듣고, 소설 『프랑켄슈타인(Frankenstein)』을

> 집필한다. 소설 속에서 주인공 빅터 프랑켄슈타인은 납골당에서 수집한 뼈, 해부실과 도살장에서 끌어모은 각종 인체 부위를 한데 모아 240센티미터에 달하는 '괴물'을 만들어낸다. 그러나 프랑켄슈타인은 완성된 '괴물'에 혐오감을 느끼고 그것을 내팽개쳐버림으로써 결국 파국을 맞게 된다. 소설이 탄생한 지 200년이 지난 지금, 우리는 AI라는 새 창조물을 완성시켰다. 이제 프랑켄슈타인의 파국을 다시 상기해야 할 때이다. 현대의 프로메테우스가 되어 새 생명 창조를 꿈꾼다면, 인간의 존엄성과 윤리적 책임을 먼저 생각해야 한다. 그래야만 파국을 막고, 인류와 AI가 공존할 수 있는 시대를 맞이할 수 있을 것이다.

칼럼 1과 2는 이 교재의 필자들이 직접 쓴 글이며 '인공지능'(AI)를 다루고 있다. 그러나 두 편의 글은 동일한 제재를 다루고 있음에도 불구하고 그에 대한 글쓴이의 입장과 관점은 상반된다. 칼럼 1은 미래 사회에 펼쳐질 인공지능에 대해서 긍정적이고 낙관적인 태도를 드러내고 있다. '탈로스'로 대변되는 인공지능의 과학 기술을 활용하여 인류사회의 발전을 도모하자는 취지의 글이다. 이에 비해, 칼럼 2는 인공지능에 대해서 다소 부정적인 입장을 취하고 있다. '인공지능 습격의 시대'를 피할 수 없다는 점을 인정하면서도 그보다는 선결 과제로 인간의 존엄성과 윤리적 책임을 지녀야 인류와 AI가 공존할 수 있다는 입장을 취하고 있다.

두 칼럼은 공통적으로 시의성 있는 제재를 다루고 있으며, 적절한 일화와 논거를 들어 자연스럽게 논지를 이끌어 간 글이라 할 수 있다.

활동 문제

1. 앞에 제시된 두 칼럼을 읽고 하나의 칼럼을 선택한 후 이에 대한 반박 글을 작성해 보자.

2. 다음 글은 한국 사회의 구조적인 문제를 다루고 있는 칼럼이다. 읽고 자신의 입장과 관점이 드러난 글을 작성해 보자.

'개천에서 용 나는' 모델

"꿈을 가져라!" 욕먹기 딱 좋은 말이다. "꿈을 버려라!" 이 말 역시 욕먹는다. 꿈을 이루기 어려운 세상에선 꿈을 가지라고 말해도 욕먹고, 꿈을 버리라고 말해도 욕먹는다. 오히려 후자가 더 욕먹을 수도 있다. "당신은 꿈을 이뤘다고 이따위로 말하는가?"라는 말을 듣기 십상이다. 결국 꿈과 관련된 좌절의 수렁에 빠져 있지 않은 사람은 그 어떤 말을 해도 욕을 먹을 수밖에 없는 세상, 지금 우리가 바로 그런 상황에 처해 있다.

그런데 세상을 살다 보면 꿈을 이룰 수 없다는 걸 뻔히 알면서도 "꿈을 갖자."고 말해야 하는 경우가 있기 마련이다. 종교인과 정치인은 그런 말을 상습적으로 해야 하는 직업이지만, 다른 직업을 가진 사람들도 집단 의례의 성격이 강한 곳에선 "꿈을 갖자."고 말하지 않을 수 없는 상황이 생긴다.

우리가 흔히 말하는 '희망 고문'은 고문을 하는 사람의 뜻으로만 이루어지는 건 아니다. 고문을 당하는 사람들도 속는 줄 알면서도 희망을 원한다. 그래서 양쪽이 암묵적으로 공모한 가운데 '희망 고문'이 일어나는 것이다. 사회적으로 '희망 고문'을 비판하는 목소리가 높지만, 그 목소리의 진정성을 믿기는 어렵다. 그건 사실상 희망의 실현 가능성을 높이라는 주문일 뿐 희망을 완전히 포기한 건 아니기 때문이다.

이른바 '개천에서 용 나는' 모델도 바로 그런 경우에 속한다. 많은 이들이, 특히 진보 인사들이 더 이상 '개천에서 용이 나지 않는 세상'을 개탄한다. 그러면서 개천에서 용이 날 수 있게끔 세상을 바꿔야 한다고 말하는데, 그게 과연 올바른 해법인지는 의문이다.

우리는 개천에서 난 용을 보면서 꿈과 희망을 품곤 하지만, 모두가 다 용이 될 수는 없으며, 용이 되기 위해 얼마나 많은 사람이 고통과 희생을 감내해야 하며, 용이 되지 못한 실패로 인해 얼마나 많은 사람이 좌절과 패배감을 맛봐야 하는지에 대해선 생각하지 않는다. 우리는 그저 개천에서 난 용을 향해 박수를 치고 환호하면서 우리가 사는 세상이 살 만하다고 자위하는 동시에 '희망 고문'을 사회적 차원의 정책으로까지 끌어올리는 일을 계속해오지 않았던가?

그간 지방은 개천을 자처하면서 '용 키우기'를 지역인재육성전략이자 지역발전전략으로 삼아왔다. 용은 어디에서 크나? 무조건 서울이다! 그래서 서울 명문대에 학생을 많이 보내는 고교에 장려금을 주고 각 지방자치단체별로 서울에 학숙을 지어 각종 편의를 제공함으로써 유능한 학생을 서울로 많이 보내기 위해 발버둥쳐 왔다. 사실상 '지방대학 죽이기'를 지역인재육성전략이자 지역발전전략으로 삼은 셈인데, 그게 어이없다고 웃거나 화를 내는 사람은 거의 없다. 모두 다 진지한 표정으로 그런 지원이 더 필요하다고 말할 뿐이다. 왜 그럴까?

우리는 지역의 이익과 지역민의 이익이 같을 걸로 생각하지만, 그게 꼭 그렇진 않다는 데 지방의 비극이 있다. 지방대학이 죽는 건 지역의 손실이지만, 자식을 서울 명문대에 보내는 건 지역민의 이익이다. 각 가정이 누리는 이익의 합산이 지역의 이익이 되기는커녕 오히려 손실이 되는 '구성의 오류'가 여기서도 일어나는 것이다.

심지어 서민층 학부모마저도 자식을 서울 명문대에 보내는 꿈을 꾸기에 그런 지역발전전략이 당연하다고 생각한다. 우리는 개천에서 더 많은 용이 나는 걸 진보로 생각할 뿐, 개천에 남을 절대다수의 미꾸라지들에 대해선 아무런 생각이 없다. 미꾸라지들의 돈으로 용을 키우고, 그렇게 큰 용들이 권력을 갖고 '개천 죽이기'를 해도 단지 그들이 자기 개천 출신이라는 데 큰 의미를 부여한다. 내부 식민지의 기묘한 자학이요 자해라 아니할 수 없다.

'개천에서 용 나는' 모델을 버리지 않는 한 지금의 과도한 학력·학벌 임금격차와 정규직·비정규직 차별은 결코 사라지지 않을 것이다. 이 모델은 본질적으로 "억울하면 출세하라."는 것과 다를 바 없으며, 출세하지 못한 채 개천에서 살아가야 하는 다수 미꾸라지들에게 불필요한 열패감을 안겨주면서 그들을 불행의 수렁으로 밀어넣는 게 아니고 무엇이란 말인가.

강준만, 「'개천에서 용 나는' 모델」, 『한겨레』, 2015. 3. 9.

5. 독자 투고 쓰기

다음에 제시한 두 편의 글은 모두 중앙대학교 재학생들이 신문사로부터 청탁을 받지 않고 자발적으로 투고하여 게재된 글이다.

> 요즘은 침묵을 참 두려워하는 세상이다. 사람들은 침묵의 이미지를 지루한 것 혹은 불편한 것으로 여긴다. 아마 현대인들은 항상 시끄러운 환경에 익숙해져 왔기 때문일 것이다.
>
> 사람들과의 만남에서도 마찬가지다. 어색함을 뿌리치기 위해 사람들은 침묵을 단 1초도 허용하지 않으며 쉴 틈 없이 왁자지껄 떠들어 댄다. 이러한 소음은 심지어 조용한 내 방 한구석에서도 끊이지 않는다. "문자 왔숑" "카똑" 무의미한 대화의 향연장으로 나를 초대하는 스마트폰의 외침이 내 귀에 맴돈다.
>
> 요즘은 오프라인뿐만 아니라 온라인에서도 말과 글의 창구가 난무하는 세상이다. 저마다 자신의 일상을 끊임없이 표현한다. 자신의 하루를 정리하기 위해 조용히 한강을 거닐고자 했던 우리는 어느새 한강을 배경으로 사진을 찍고 있으며, 각자의 SNS 계정에 이런 글들을 올리곤 한다. "바람 따라 걷다 보니 어느덧 마포대교. 오늘 한강에서 제대로 힐링♥" 빠르고 부산하게 흘러가는 삶 속에서, 그나마 자신과 대면할 수 있는 소중한 시간에서조차 우리는 또 다른 방식의 수다쟁이가 되어버렸다.
>
> 뇌 의학에서 볼 때에도 침묵은 굉장히 큰 가치가 있다. 우리는 새로 알게 된 지식 혹은 정보가 뇌에 자리 잡기 위해서는 가만히 멍 때리는 시간이 필요하다고 한다. 쉴 새 없이 뇌에 또 다른 지식이나 소음이 들어가게

되면 그 순간, 이전의 지식과 정보들이 저장되기도 전에 순식간에 날아가 버린다. 침묵의 또 다른 가치는 조절기능이다. 인간이 동물과 구분되는 가장 큰 특징 중 하나는 충동과 욕구조절이다. 심리학자에 따르면 조용한 걸 못 견디는 사람들은 일반적으로 충동과 욕구조절이 힘들다고 한다. 욕구와 충돌의 조절 기능은 평온하고 안정된 상태에서 가능한 것인데 이런 상태를 빼앗아 버리는 것 중 하나가 바로 소란스러움이다.

예전에 비해 우리의 육체적인 삶은 매우 풍족해졌다. 하지만 정신적으로는 어떠한가. 이유 없는 범죄, 살인, 방화는 줄어들 기미가 보이지 않고, 사람들의 행복지수는 점점 떨어지지 않는가. 이는 사람들을 정신적으로 불안하게 만드는 데 기여한 '시끄러움'이란 녀석이 만든 비극적인 작품이 한몫했다고 생각한다. 마음의 평안과 안정을 빼앗는 '시끄러움'에 대적할 유일한 해결책은 바로 침묵 아닐까. 침묵이란 단지 지루함을 이끌어 내는 것이 아니라 자신의 내면을 소리 없이 음미하는 것이다. 외부의 소리가 아닌, 내면의 소리에 귀를 기울이면 우리는 진정한 '나'를 만나게 되는데 이것이 바로 평온함을 얻는 과정이다.

바쁘고 시끄럽게 돌아가는 세상 속에, 어찌할 바 모르고 불안에 떨고 있는 그대들이여. 마음의 평안을 찾고 행복해지고 싶은가. 그 해답은 바로 침묵에 있다. 조용히 있으면서 나를 한번 되돌아보자. 우리 모두 손가락을 입에 대고 하루에 딱 5분만, 아니 지금부터 당장 쉿!

이병욱, 「쉿!」, 『중앙일보』, 2013. 9. 28.

통장 잔액 34만 원, 나는 가출했다. 왕복 약 3시간의 통학은 이제 갓 대학에 입학한 새내기에게 너무 큰 고통이었다. 그런 고민을 부모님께 말씀드렸다. 하지만 내게 돌아온 대답은 나를 비참하게, 아니 오히려 화나게 만들었다. "그럼 재수해서 가까운 대학으로 가든가. 왜 굳이 먼 대학으로 갔니?" 나는 당당하게 내 힘으로 자취에 성공할 것이라고 말하고 집을 뛰쳐나왔다.

당장 필요한 건 머물 곳이었다. 이후 부동산 일곱 군데를 돌아다니며 12개의 방을 알아보았고, 보증금 200만 원에 월세 35만 원짜리 방을 얻기로 했다. 그런데 월세는 아르바이트로 충당해도 보증금 200만 원을 마련할 길이 없었다. 한국장학재단의 대학생 생활비 대출은 이미 신청 기한이 끝나버렸다. 다른 방법을 찾아다녔지만 신용도 담보도 없는 대학생에게 선뜻 몇백만 원을 빌려주는 곳은 찾기 어려웠다.

결국 인터넷 대출 광고를 들여다봤다. 금리 연 7.0~27.7%, BIS 비율 62.94%, 원리금 균등분할 상환 등 모르는 단어들이 머리를 복잡하게 했다. 수많은 대출 홈페이지는 마치 파리지옥처럼 사람들을 유혹하는 것 같아 보였다. 한마디로 정보가 부족했고, 마땅한 프로그램 또한 존재하지 않았다.

힘들게 찾은 신용회복위원회의 '대학생 햇살론'도 처음 보는 서류들을 작성해 전문 상담사와 상담한 후 심사를 거쳐 돈을 지원해 주는 식이었기 때문에 실질적으로 대학생들에게 큰 도움이 되지 못했다.

한 통계에 따르면 현재 통학하고 있는 대학생 가운데 74.3%가 자취할 의사가 있지만 그중 51.5%의 학생이 경제적 문제 때문에 자취를 하지 못하고 있다고 밝히고 있다. 또 통학하는 학생 중 80% 이상이 통학에 어려움을 겪고 있고, 몇몇 학생은 학업에 지장을 받는다고도 말한다. 기숙사 심사에 성적이 반영되는 학교에서는 제주도에 사는 학생마저 '기숙사 불합격'이라는 통보를 받기도 한다.

어쩔 수 없이 자취를 선택해야 하는 대학생이 많은데도 사회는 충분

> 한 도움을 제공하고 있지 않다. 청년들에게 직접적으로 도움이 될 만한 임차보증금 또는 생활비 대출 관련 상품이 별로 없다. 이러다보니 보증금과 생활비를 충당하기 위해 과도한 아르바이트를 하는 학생이 적지 않다. 등록금만 학비가 아니다. 좀 더 학생들의 눈높이에 맞게 설계된 상품이 필요하다. 할 수 있는 것이 아무것도 없어 혼자 끙끙거리다 나는 가출을 포기했다. 오늘도 왕복 3시간의 통학 길을 걷고 또 걷는다.
>
> 박하성, 「우리 집을 못 찾겠군요」, 『중앙일보』, 2017. 6. 17.

인용한 두 편의 독자 투고는 각각 "침묵을 두려워하는 세상"과 "대학생의 통학과 주거비용"이라는 문제를 제기하고 있다. 두 글은 각각 진정한 나를 만나는 침묵의 가치를 일깨우고, 대학생을 포함한 청년층의 주거 정책과 대학의 기숙사 제도를 비판하고 있다. 두 편의 독자 투고 모두 일상에서 겪은 자신의 사적 영역의 경험을 공적 영역의 생각으로 확장하여 우리 사회가 함께 고민할 만한 화두를 제시하는 데 성공했다.

민주주의는 유권자가 선거일에 투표하는 행위로만 지켜지지 않는다. 다수가 소수에게 혹은 소수가 다수에게 피해를 주는 일이 없는 사회, 불평등이 지양된 사회, 국민 각자가 동등한 인격적 대우를 받는 사회를 만들기 위해서는 일상에서 벌어지는 민주주의를 훼손하는 부당한 일들에 대해 적극적으로 개입해야 한다. 자신의 의견을 적극적으로 제기하고 개입하는 것 자체가 민주 시민의 권리이자 의무이기 때문이다.

활동 문제

1. 같은 사안에 대해 각 신문사가 다른 논조의 사설을 싣는 경우가 있다. 이러한 다른 논조의 사설을 찾아 비교하는 글을 작성해 보자.

2. 최근 한 달 동안 한국사회에서 가장 중요한 이슈를 찾아 이 문제에 대한 자신의 독자 칼럼을 작성해 보자.

4장

서평 쓰기

1. 서평이란 무엇인가

서평은 책을 비평하는 글쓰기이다. 흔히, 리뷰(review)라고도 한다. 비평이 대상을 논증적으로 평가하는 것이라고 했을 때, 서평은 책에 대해 근거를 들어 평가하는 글이다. 책에서 다루고 있는 내용이 정당한가뿐만 아니라, 적절한 형식과 체계를 갖추었는가를 근거를 갖고 판단한다. 서평은 책을 대상으로 행해지는 독자와의 의사소통이기에 읽는 사람이 전제되어 있다. 즉, 독자가 읽을 수 있도록 신문이나 잡지, 인터넷 매체 등에 공식적으로 게재될 것을 전제로 한다. 따라서 서평은 책에 대한 비평적 글쓰기이면서, 독자 대중과 소통하는 공공적 글쓰기라고 할 수 있다.

2. 왜 서평을 쓰는가

서평은 지식 생산과 확산에 기여하는 글쓰기이다. 서평은 다음과 같은 이유 때문에 작성한다.

첫째, 서평은 지식의 심화와 창조에 기여한다. 책읽기를 전제로 한 글쓰기이기에, 글을 쓰는 과정 자체가 학습의 과정이다. 독서는 시간과 공간을 뛰어넘는 정신적 대화이고, 그 대화의 내용을 공적으로 발표하는 것은 지식 확산 작업이다. 서평자는 글을 쓰기 위해 책을 읽기 때문에, 더욱 심화된 독서를 할 수 있다. 이는 중요한 지적 활동이다. 이러한 지적 활동을 통해 지식 생산에 관한 심화된 훈련이 이뤄진다. 책에 대한 이해, 해설, 평가 과정에서 더 나은 지식과 가치관을 형성할 수 있는 것이다.

둘째, 책에 대한 글쓰기를 통해 커뮤니케이션 능력이 향상된다. 서평은 독서를 매개로 한 글쓴이와 읽는 이의 정신적 대화이며, 서평자와 서평을 읽는 독자 대중 사이에서 이뤄지는 공적인 대화이다. 이 대화 과정에서 자신의 독서 경험을 되새기고, 책을 쓴 저자의 입장과 서평을 읽을 독자의 입장에 대해 판단하게 된다. 책에 대한 서평자의 판단과 평가는 필수적이고, 이러한 판단과 평가를 독자대중이 읽음으로써 독자대중은 서평자에 대해 다시 판단과 평가 작업을 수행한다. 그렇기 때문에 서평은 책의 저자, 서평자, 서평의 독자의 관계를 고려하는 복합적인 커뮤니케이션 과정이라고 할 수 있다.

셋째, 서평은 공적 영역에 개입하는 사회적 실천 행위이다. 현대사회는 미디어의 발달로 책에 대한 상업적 광고가 범람하고 있다. 신문과 방송, 인터넷 매체 등에서 다양한 책을 소개하고 있으며, 베스트셀러 목록도 발표하고 있다. 하지만, 베스트셀러라고 해서 가치 있고 의미 있는 책인 것은 아니다. 많은 사람이 읽은 책이기에 나도 읽어야 한다는 것은 강박적 태도일 뿐이다. 진정으로 의미 있고 가치 있는 책을 선별하기 위해서는 먼저 책을 읽은 사람이 객관적이고 정당하게 평가를 해야 한다. 서평자는 가치 있는 책은 널리 알리고, 마케팅 등을 통해 그 가치가 과장된 책을 날카롭게 비판한다. 이를 통해 책의 가치에 대한 사회적 공감대를 형성하기에 서평은 공적 기능을 수행한다.

3. 독서 감상문 · 독서 에세이 · 서평

서평과 독서 감상문, 그리고 독서 에세이는 글의 성격에서 차이가 있다. 그런데도 서평을 책에 대한 자신의 감상을 적는 글로 생각하는 경우가 많다. 서평과 독서 감상문은 객관적이냐 주관적이냐로 구분할 수 있다. 독서 에세이는 서평과 독서 감상문의 경계에 있는 글쓰기이다.

독서 감상문은 책을 읽고 특정한 글의 형식요건 없이 자유롭게 쓰는 글이다. 책을 읽은 뒤에 쓴 독후감이기에 부담 없이 자신의 주관적 판단이 드러나도 된다. 자신만의 경험을 책과 연관시켜 쓰기도 하고, 자신이 책을 읽으면서 느끼고, 이해하고, 즐기는 방식을 쓸 수도 있다. 객관적 근거 제시에 구애받지 않고 감성적으로 책에 대한 평가가 이뤄지기도 한다.

독서 에세이는 책을 읽고, 서평자가 자신의 주제가 부각되도록 쓴 글을 말한다. 주제가 있는 책에 대한 글이 독서 에세이다. 글쓴이의 주체적이고 독창적인 관점이 중요하고, 대상 텍스트를 문제의식을 갖고 주제화해, 자신의 생각을 명료하게 전달할 필요가 있다. 다소 주관적인 진술이 허용되기에 독서 감상문과 유사한 측면이 있다. 독서 에세이는 마음의 움직임을 드러내는 '공감의 읽기'를 요구한다.

서평은 책의 가치에 대한 평가를 전제로 한다. 서평은 독자대중에게 발표하는 공적 글쓰기이기 때문에 평가의 근거를 분명히 제시할 필요가 있다. 자신의 감상만을 주관적으로 진술해서는 안 되고, 서평을 읽는 독자를 설득할 수 있어야 한다. 그렇기에 서평은 '비판적 읽기'와 '설득적 쓰기'가 더불어 이뤄지는 글쓰기이다.

독서 감상문과 독서 에세이, 서평은 독자를 의식하는 공적 글쓰기냐 아니냐, 객관적인 근거가 있느냐의 여부, 자신의 감상과 느낌을 중시하느냐 아니면 설득적 태도를 유지하느냐에 따라 글의 성격이 나뉜다.

4. 서평의 특성

서평은 비평적 글쓰기이기 때문에 분석적이고 지적인 논의가 포함되어 있다. 텍스트 분석이나 대상에 대한 지적 접근을 위해서는 이론이나 근거를 제시해서 설득력을 높여야 한다. 서평은 의도적으로 작품에 분석적이고 지적인 노력을 투여해 적극적 논평을 가한다. 서평은 다음과 같은 특성이 있다.

첫째, 서평은 글이라는 형식으로 텍스트와 대화하고, 독자와 의사소통한다. 큰 틀에서는 책을 통해 이뤄지는 소통이고, '삶과의 대화'라고 할 수 있다. 또한, 이 대화는 책과 독자의 대화이면서, 글쓴이와 서평을 읽는 독자와의 대화이기도 하다. 서평을 통해 작품에 대한 감상과 해석, 평가가 공유되고, 넓게는 책을 평가함으로써 사회의 공적 영역에 참여할 수 있다. 이는 인간사회에서 책이 하는 기능을, 서평이라는 형식을 통해 확산하는 것이기도 하다.

둘째, 서평은 책을 평가함으로써 자기를 표현하는 적극적 의사소통이다.

책에 대한 평가를 공중에게 발표하기에, 책의 구성 체계 등 여러 문제를 논리적으로 표현할 수 있어야 한다. 글은 기록 보존의 측면을 지니며, 논리적·이성적이고, 주제 중심적이다. 서평은 이러한 기록과 표현의 욕망을 반영한 글이다. 여러 책에 대한 서평을 통해 자신의 세계관을 표현하고, 책에 대한 꼼꼼한 읽기로 상상력을 넓히고, 넓게는 삶의 변화에 기여할 수 있다. 책이 수행하는 기능의 일부를 서평을 통해 구현할 수도 있다.

셋째, 서평은 출판제도 내에서 책 읽기에 기여하면서도, 궁극적으로는 사회제도를 변화시킬 수 있다. 서평은 개별 책에 대한 감상·해석·평가 기능을 수행하면서, 독서문화의 건강한 향유에 기여한다. 독서 시장제도 내에서 서평자는 독자이면서, 해석의 매개자이며, 더불어 평가자이다. 서평자는 개별 책에 의미를 부여해주고, 좋은 작품과 나쁜 작품을 선별한다. 그렇다고 서평을 행하는 사람은 제도 속에서 부여된 감상자, 해석자와 평가자의 역할만 수행하는 것은 아니다. 책의 성과를 시대적 안목 혹은 공통 감각으로 의미부여하고, 책의 가치가 궁극적으로 의미하는 바를 제시하기도 한다. 이를 통해 사회의 건강한 발전과 변화에 기여한다. 그렇기에 서평은 제도 속에서 제도와 싸우는 행위라고 할 수 있다.

여기서 첨가할 것은 서평에는 '비평의 윤리'가 따른다는 사실이다. 서평은 책에서 출발하여, 책을 논하면서 쓰인 글이기에 공식적인 책임이 따르기 마련이다. 서평을 쓰는 사람은 윤리의식과 책임감을 갖고 책을 비평하고, 공평무사한 태도로 저작을 다룰 필요가 있다. 비평의 윤리는 책에 대한 공정한 평가와 더불어 사회적·문화적 책임에 대해 최선을 다할 것을 요구한다.

이렇듯 서평은 ① 책을 매개로 이뤄지는 의사소통이며, ② 비록 다른 사람이 쓴 책에 대한 글이기는 하지만 적극적인 자기표현이며, ③ 출판제도 속에서 기능하면서 제도를 바꾸는 개혁적 역할을 한다. 이는 책의 저자가 하는 역할을 일정 부분 서평자가 점유하는 것과 같다. 서평의 신뢰도를 높이기 위해서는 '비평의 윤리'를 유념해야 한다.

5. 서평 집필의 방법

실제 서평을 작성하기 위해서는 비평에 관한 일반적 이론을 전제한 후, 책과 대화적 관계를 형성해야 한다. 이 대화는 저자와 서평자의 대화이기도 하고, 서평을 읽을 독자와의 대화이기도 하다. 그런 의미에서 서평자는 책에 집중하면서도, 독자를 고려해야 한다. 이 과정에서 서평자는 어떤 정보를 제공하고, 어떤 의미를 생산하며, 어떤 방식으로 독자를 설득할 것인가를 고민한다.

서평 글쓰기를 위해서는 대체로 다음과 같은 사항을 참고할 필요가 있다.

첫째, 글을 써야 하는 요인에 대해 분석적으로 이해해야 한다. 서평을 작성하고자 하는 이의 자발적 의지, 표현하고자 하는 욕망, 원고 청탁에 의한 외부적 요인 등이 그 예이다. 글을 쓰게 된 동기에 대한 정확한 이해 속에서 글의 기본적 성격이 규정된다. 자발적인 의지의 산물일 경우, 어떤 것을 글로 담을 것인가에 대한 내적 필요가 분명해진다. 무언가를 표현하고자 하는 욕망에 기반해 서평이 작성된다면, 그 표현내용을 구현하기 위해 다양한 전략이 선택될 수 있다. 청탁에 의한 경우, 청탁자의 의도를 반영한 글쓰기를 해야 한다. 청탁 의도를 고려해 자신이 표현하고자 하는 바를 잘 버무려내 의미 있는 글을 구성하는 것이 집필자의 역량이다. 글쓰기의 요인을 정확히 이해하고, 글의 전략을 수립하는 것이 '문제 설정'이다. 명료한 글을 쓰기 위해서는 '문제 설정'이 중요하다.

둘째, 글 쓸 대상인 텍스트를 선정하고 기본적인 자료 수집을 해야 한다. 대상 텍스트의 저자에 대한 기본적인 정보, 집필을 둘러싼 이야기들, 집필의 배경 등을 조사한다. 저자에 대해 보다 구체적으로 이해하기 위해서는 저자의 이전 집필 저작을 두루 섭렵할 필요가 있다. 이를 통해 저자의 세계관, 저자의 작업 방법, 문제의식을 미리 파악할 수 있다. 또한 이미 발표되어 있는 서평이나 언론 보도 등을 통해 정보를 확보하는 작업도 필요하다.

셋째, 서평 작성에서 텍스트 읽기는 가장 중요한 단계이다. 서평은 저서(원 텍스트)에서 출발해 거기서 창조한 새로운 텍스트(2차 텍스트)이다. 따라서 원 텍스트에 대한 충분한 이해 속에서, 새로운 창작물로 나아가야 한다. 대상 텍스트는 정밀한 독해가 필수적이다. 서평자는 대상 텍스트를 두 번 내지 세 번 이상 정독하는 것이 좋다. 독자의 입장에서 한 번을 읽고, 분석·평가자의 입장에 두 번 이상 읽을 필요가 있다. 책을 다시 읽을 때는 작품의 배경, 문제의식, 구조, 주제, 문체, 분위기 등을 독해해내야 한다. 이러한 독해의 내용을 책이나 별도의 노트, 혹은 메모지에 기록함으로써 기본적인 정보 수집을 한다. 무엇보다 독해 과정에서 서평자는 서평 작성을 위한 글감을 잡아내야 한다. 이를 통해 서평의 주제의식을 구현할 필요가 있다.

넷째, 주제의식을 분명히 한 후 글의 구성을 해야 한다. 문제설정이 분명한 글이 주제도 명료한 글이 된다. 서평을 쓸 때는, 글의 흐름은 어떤 방식을 선택할 것인가(객관적 어조의 글, '나'를 드러내는 글, 대화적 형식의 글, 서간체와 같은 고백적 형식의 글 등), 주제를 어떤 방식으로 구체화할 것인가(책에 대한 정밀한 설명, 다른 책과의 비교, 책의 가치에 대한 접근을 통한 풍부한 사례 제시, 권위 있는 이론을 통한 분석 등), 주장을 어떻게 설득력 있게 제시할 것인가(명확한 근거 제시, 공평한 해석, 명제의 증명 등)에 대한 충분한 고려가 있어야 한다.

다섯째, 좋은 서평을 쓰기 위해서는 초고(草稿)를 효율적으로 작성한 후

시일을 두고 끊임없이 수정, 보완하여 발표해야 한다. 원고 집필 과정에서 필요에 따라 새롭게 자료조사를 하거나, 주제의식을 심화시킬 수도 있다. 그러므로 원고 집필은 독립된 과정이기보다는 모든 글쓰기 과정이 응축되어 있는 집약적 과정이라고 할 수 있다. 특히, 퇴고는 글의 완성도를 높이는 중요한 과정임을 유의하자.

6. 서평의 종류

서평은 ① 리포트 서평, ② 에세이 서평, ③ 학술 서평으로 범주를 구분할 수 있다.

1) 리포트 서평

리포트 서평은 소개 서평, 보도 서평이라고도 한다. 책의 내용을 소화하여, 정확하게 요약하고 정리하여 전달하는 서평이다. 독자가 이 책을 통해 얻을 수 있는 것이 무엇인가를 알려주는 서평이다. 리포트 서평은 독자의 기대감, 궁금증, 호기심에 부응하는 글쓰기이다. 신문, 잡지 등의 신간 소개 글이 대체로 여기에 속한다.

다음 예문은 김지혜의 『선량한 차별주의자』를 대상으로 쓴 보도 서평이다. "인간 심리에 대한 국내외의 최신 연구, 현장에서 기록한 생생한 사례, 학생들과 꾸준히 진행해 온 토론 수업과 전문가들의 학술포럼에서의 다양한 논쟁을 버무려 우리 일상에 숨겨진 혐오와 차별의 순간들을 생생하게 담아냈다"라는 문장으로 이 책이 다루는 내용을 요약·정리하여 전달하고 있다. 특히 "은밀하고 사소하며 일상적이고 자연스럽게 벌어지는 일들 속에서

'선량한' 우리가 놓치고 있던 '차별과 혐오의 순간'을 날카롭게 포착"하였다는 말로 이 책의 미덕을 잘 드러내 주었다.

세상에서 평등을 외치는 당신을 위한 안내서

김지혜, 『선량한 차별주의자』, 창비, 2019.

혐오와 차별은 잡초처럼 자란다. 조금만 신경 쓰지 않으면 온 사회에 무성해진다. 사람들은 때로 아주 작은 차별은 무시해도 되고, 심지어 다수에게 유리한 차별은 합리적인 차등이라고 이야기하며, 차별에 대한 문제제기나 시정조치를 역차별이라고 공격하기도 한다. 이런 말을 하는 사람들은 심각한 혐오주의자나 차별주의자가 아니다. 바로 나, 당신, 우리일 수 있다. 『선량한 차별주의자』(창비, 2019)는 평범한 우리 모두가 '선량한 차별주의자'일 수 있다고 말하는 도발적인 책이다. 저자인 김지혜 교수(강릉원주대 다문화학과)는 차별의 사각지대에 놓인 이들을 직접 찾아가는 현장활동가이자, 통계학·사회복지학·법학을 넘나드는 통합적인 시각을 바탕으로 국내의 열악한 혐오·차별 문제의 이론적 토대를 구축하는 데 전념해온 연구자다. 현장과 밀착한 인권·혐오문제 연구를 진행해온 연구자답게 이번 책에서 쉽고 재미있는 대중적 글쓰기를 선보인다. 인간 심리에 대한 국내외의 최신 연구, 현장에서 기록한 생생한 사례, 학생들과 꾸준히 진행해온 토론수업과 전문가들의 학술포럼에서의 다양한 논쟁을 버무려 우리 일상에 숨겨진 혐오와 차별의 순간들을 생생하게 담아냈다. 은밀하고 사소하며 일상적이고 자연스럽게 벌어지는 일들 속에서 '선량한' 우리가 놓치고 있던 '차별과 혐오의 순간'을 날카롭게 포착해내는 이 책의 메시지는 분명하다. 선량한 마음만으로 평등은 이루어지지 않으며, 익숙한 질서 너머의 세상을 상상하고 모두가 평등한 세상을 조직해가자고 제안한다. 차별을 당하면서도 작은 문제 제기조차 해보지 못한 사람들부터 소위 프로불편러까지, 차별과 혐오의 시대에 지친 현대인들을 위한 할 책이다.

교수신문, 「세상에서 평등을 외치는 당신을 위한 안내서」, 『교수신문』, 2019. 7. 23.

2) 에세이 서평

에세이 서평은 책에 대한 서평자의 감상과 평가를 자유로운 글쓰기 형식으로 서술한다. 서평에 표현의 즐거움을 가미한 것으로 내용을 충실히 전달해야 한다는 사명감에서 자유로운 서평이다. 소설가 장정일은 '독서일기'라는 형식으로 새로운 서평의 장르를 개척했다. 독서일기도 에세이 서평에 해당한다. 에세이 서평은 독서 에세이와 크게 다르지 않다.

다음은 김초엽의 과학소설집 『우리가 빛의 속도로 갈 수 없다면』을 대상으로 한 서평이다. "정상성에 관한 SF적 질문"이라는 제목이 이 소설집에 대한 서평자의 평가(판단)를 잘 보여준다. 작가의 개인사에서부터 수록작품을 관통하는 주제와 감상을 그러한 판단의 근거로 제시하고 있는 셈이다. 서평을 따라가다 보면 "김초엽이 놀라운 것은 우리가 그동안 당연시했던 시선에서 벗어났기 때문"이라는 평가와 그러한 시선의 결과인 그만의 '경이감'에 어느덧 공감하게 된다.

정상성에 관한 SF적 질문

김초엽, 『우리가 빛의 속도로 갈 수 없다면』, 허블, 2019.

김초엽(26)에 대해서 말하자면 순식간에 많은 수식어가 붙는다. 포스텍 석사 출신 바이오센서 과학도, 본격 창작 1년 만에 첫 소설집을 펴낸 촉망받는 SF 작가, 장르를 넘어 문단의 주목을 받는 소설가, 후천적 청각장애인……. 그동안 세상은 마지막 수식어에 방점을 찍어왔을지 모른다. 그는 포스텍 대학원생 시절 쓴 칼럼 "무엇이 우리의 일상을 '도전'으로 만드는가"에서 자신의 장애를 대상화해 '역경을 극복한 학생'으로 바라보는 시선을 비판하기도 했다. 장애는 그의 모든 개성과 재능을 압도하는 '라벨'이었다.

김초엽의 첫 소설집 『우리가 빛의 속도로 갈 수 없다면』(허블, 2019)을 소개하며 '장애'를 언급하는 것에 대해 고민했다. 좋은 책을 소개하는데 굳이 작가의 장애를 언급할 필요가 있을까? 과학도로서의 지식, 작가로서의 상상력과 재능을 동원해 그는 소설을 썼다. 하지만 그의 '장애' 또한 고유한 시선과 태도를 만들었다. 결핍과 소외, 타자성, 정상성에 대한 새로운 시각과 질문이다. 그러므로 이렇게 말하면 어떨까. 장애는 그의 빛나는 재능과 마찬가지로 그의 특징 가운데 하나일 뿐이다. 그리고 장애는 빛나는 재능과 만나 더 놀라운 결과물을 만들어냈다. 김초엽은 "여성이자 청각장애인 당사자다 보니 소수자성에 대한 관심이 항상 있었다. SF를 쓸 때도 의도한 건 아니지만 쓰다 보면 소수자들 이야기가 많이 나오는 것 같다."고 말했다.

정상성에 대한 질문을 담은 이야기가 소설집의 처음과 끝을 장식한다. '순례자들은 왜 돌아오지 않는가'는 유전자 조작을 통해 만들어진 완벽한 신인류와 기존 인류가 분리되어 살아가는 디스토피아적 미래를 그린다. 얼굴에 얼룩이 있다는 이유로 차별받았던 과학자 릴리는 '결함' 없는 인간을 만들기 위해 유전자를 디자인해 신인류를 만들어낸다. 하지만 신인류의 탄생이 또 다른 배제와 차별을 낳는 것을 보고, 연구를 전환해 결함을 가진 이들이 평화롭게 공존하는 '마을'을 창조한다. 이곳엔 장애나 비장애, 정상과 비정상을 가르는 기준 자체가 없다. 하지만 김초엽은 이상적 유토피아를 설계하는 것만으로 만족하지 않는다. 그가 던진 질문이 돌아와야 할 곳은 차별과 고통이 존재하는 현재다. "세계를 바꾸지 않는다면 누군가와 함께 완전한 행복을 찾을 수도 없으리라는 사실을 순례자들은 알게 되었지." 마을에서 지구로 떠난 순례자들은 그곳에서 사랑하는 사람과 함께 싸워 세상을 바꾸길 택한다.

'나의 우주 영웅에 관하여'는 정상성에 대해 묻는 동시에 소수자의 성취에 주어지는 과도한 기대에 대해 이야기한다. '우주 건너편'에 도착하기 위해 우주인 선발 프로젝트가 시행된다. 우주인은 극한 환경을 버티기 위해 신체를 개조하는 '사이보그 그라인딩'을 거친다. 최종 선발된 재경은 마흔여덟의 나이에 만성 정전기관 이상, 비혼모로 '인간의 대표로 적합하지 않다'는 비판을 받는 동시에 소수자를 대표해야 한다는 과도한 기대를 받는다. 하지만 재경은 다만 인간 신체의 한계를 넘어서고 싶을 뿐이다. 재경이 이 모든 사회적 압력으로부터 벗어나 심해로 뛰어드는 장면은 소수자의 성취에 주어지는 과도한 요구에 대한 해방 서사로 읽힌다.

'우리가 빛의 속도로 갈 수 없다면'은 기술 발전에 파생되는 새로운 결핍과 소외에 관한 이야기다. 철거 직전의 우주정거장에서 안나는 떠나지 않는 우주선을 기다린다. 한때 냉동 수면 기술인 '딥프리징' 분야의 최고 과학자였던 안나는 가족이 떠난 먼 행성으로 가기 위해 긴 세월 동면과 해동을 반복해왔다. 새로운 우주 항법인 웜홀의 발견으로 기존 우주 노선이 폐쇄되면서 안나는 가족과 영영 헤어지게 된다. 한때 각광받던 기술은 '경제성이 떨어진다'는 이유로 한순간에 폐기된다. "우주를 개척하고 인류의 외연을 확장하더라도, 남겨지는 사람들이 생겨난다면…우리는 점점 더 우주에 존재하는 외로움의 총합을 늘려갈 뿐인 게 아닌가."

한국과학문학상 대상 수상작인 '관내 분실'은 모성과 경력단절에 관한 이야기를 데이터 분실이라는 소재와 맞물려 풀어낸다. 망자를 데이터로 보존해 재현할 수 있게 하는 '마인드 기술'이 개발되고, 죽은 이들은 납골당이 아닌 도서관에 보관된다. 지민은 임신으로 인한 혼란 속에 어머니를 떠올리게 된다. 어머니를 만나러 도서관으로 향하지만 데이터가 분실됐다는 소식을 들을 뿐이다. 우울증을 앓던 어머니와 관계가 좋지 않았던 지민은 어머니의 유품을 찾는 과정에서 어머니가 한때 북디자이너로 일했으며, 임신과 출산으로 경력단절을 겪으며 세상으로부터 고립됐음을 알고 비로소 어머니를 이해하게 된다.

'스펙트럼' '공생가설'에선 외계 생명체와 조우한다. 외계의 존재의 '발견'에 관한 것이 아니라 '관계맺음'에 관한 이야기로, 낯선 타자와의 공존이란 무엇인가에 대한 질문으로 나아간다. 우주탐사에서 인류 최초로 외계 생명체를 마주했지만 그에 대한 구체적 증거를 제시하지 않아 '허언증' 환자로 몰린 희진은 자신의 손녀에게만 진실을 이야기한다. 희진은 자신을 돌본 외계인 '루이'가 남긴 색채언어를 해석하려 애쓴다. 희진에 대한 루이의 기록은 이렇다. "그는 놀랍고 아름다운 생명체다."

김초엽은 SF의 미학으로 '경이감'을 꼽았다. "광대한 우주 속에서 내가 아주 작은 존재라는 걸 깨달을 때, 45억년의 긴 지구의 역사 속에서 찰나의 시간에 내가 있다는 걸 깨달을 때, 알고 있던 작은 세계를 벗어나는 감각"이라고 설명했다. 그의 작품에서 우리는 놀랍고 아름다운 장면을 자주 마주하게 된다. 기상천외한 상상력, 눈부신 과학기술이 그려

> 낸 미래 때문이 아니다. 그 '경이감'에 대해 소설가 김연수는 "시선에서 질문까지 모두 인상적"이라고 평했고, 문학평론가 인아영은 "여성, 장애인, 이주민, 비혼모를 비롯한 소수자들이 서서히 제자리를 찾는 아름다운 광경"이라고 말했다. 책장을 덮고 나면 그 의미를 이해할 수 있다. 김초엽이 놀라운 것은 우리가 그동안 당연시했던 시선에서 벗어났기 때문이다. 그 시선으로 던진 질문과 사유 속에서 나온 이야기들이 아름답게 다가온다.
>
> 이영경, 「우리가 빛의 속도로 갈 수 없다면」, 『경향신문』, 2019. 6. 21.

3) 학술 서평

학술 서평은 학문의 창조성을 평가하는 서평이다. 그 평가의 기준은 논리적 타당성과 설득력, 그리고 근거의 적절성과 정확성 등이다. 학술 서평은 비판적이고 비평적 기능이 강한 서평이다. 주로 학문 분야의 전문가가 전문적 식견과 근거를 가지고 평가하는 서평이다. 대체로 학술 서적에 대한 서평이 이 범주에 속하며 해당 서적의 학술적 가치에 대한 판단을 포함하고 있다.

다음 예문은 역사학자 유선영의 『식민지 트라우마』에 대한 서평이다. 이 연구서의 주된 논점인 '식민지 근대성론'이 식민지 시기 연구의 세 분류 중 하나라는 점과 이것이 "문화주의의 인식론과 이론적 논점을 수용해 식민주의와 근대성이 부분적으로 모호하게, 파편적으로 교차하고 중첩되는 과정"을 중시하였다고 밝히고 있다. 또한 이 연구서가 "식민지 시대의 그런 양상들을 신문·잡지·책에 대한 실증적 연구를 통해 매우 구체적으로 제시"하였다고 평가하였다.

한국의 그늘 '식민지 근대성 트라우마'

유선영, 『식민지 트라우마: 한국 사회 집단불안의 기원을 찾아서』, 푸른역사, 2017.

"사회 모든 부문에 침투한 권위주의, 부정과 부패, 국가와 제도에 대한 국민의 불신, 학벌주의와 서열주의, 한 인생의 성공이 물질로 환전되는 물질주의, 경쟁 위주의 사교육, 성형 한국의 외모주의, '갑질'이 만연한 폭력과 착취의 아비투스."

오랜 시간 일제 식민지 시기를 연구해온 유선영 성공회대 동아시아연구소 인문한국(HK) 교수가 『식민지 트라우마』(푸른역사, 2017)에서 "왜 우리는 이렇게 살고 있는가?"라는 질문을 던지면서 열거한 오늘날의 한국적 현상, 한국인들 삶을 특징짓는 양상들이다. 어둡고 부정적인 이런 양상들은 개별적으로는 다른 사회들에서도 발견되는 것이지만, "이것들이 동시적으로 결착되어 하나가 다른 하나를 물고 들어오는 양상은 한국적"이라고 유 교수는 진단한다. 왜 한국 사회가 유독 그러한가?

지은이는 먼저 한국의 고속·압축 경제성장과 민주화에 주목하면서, 그것이 힘과 권력, 성공, 물질을 향한 한국 사회의 무제한적 욕망과 얽혀 있으며 극심한 집단적 불안심리와 동전의 양면을 이룬다고 본다. 그 불안의 근원은 존재 기반, 즉 생명 유지와 먹고사는 생존 기반 불안정성에 기인하며 이는 피식민지배라는 역사적 집단체험에 그 뿌리가 닿아 있다. "세기말의 모욕과 위기 직후 식민지배의 시간은 한국 역사의 심연이다. (중략) 식민지는 지배민족과 피지배민족이 주인과 노예의 관계로 재배치되어야 유지되는 체제이고 이 기본적인 사회관계 안에서 민족적 모욕과 수치, 폭력, 굴욕 또한 일상화되었다."

일본의 강제와 억압, 착취만이 전부가 아니었다. 유 교수는 식민-피식민 관계를 관통하고 그것을 가능케 했던 근대성의 기계적 이분법이 초래한 질곡에도 주목한다. 사회진화론, 계몽주의, 이성주의, 문명 대 야만, 합리 대 비합리의 이분법으로 대표되는 서구 발원의 근대성은 식민 지배를 정당화하는 토대가 됐다. 서구 근대 문명은 "그것을 가져온 사람들을 경외케 했고 어찌해 볼 수 없는 힘의 격차를 자각하게 하면서 (피식민지인들이) 약자이고, 후진이며, 야만임을 스스로 자인케 했다. 일본은 그 근대성의 문명을 앞세우고 과시하면서 조선을 정복하고 식민화했다." 유 교수는 "이 문제의식이 이 책의 핵심 주제"라고 했다.

모욕, 폭력, 불의, 차별, 억압, 착취와 소외 현실 속에서 피식민지인들 내면은 이성주의 문명을 인류 보편의 표준으로 삼아 이제까지의 자신들을 존재하게 한 역사, 전통을 비롯한 일체의 과거를 폄훼하고 부정하며 열등한 것으로 간주했다. 이광수의 『민족개조론』이나 박정희의 『국가와 혁명과 나』 등은 이를 복제해 자신들의 변절, 쿠데타를 정당화했다.

식민지 시기 연구들은 크게 수탈과 저항을 주된 요인으로 보는 민족주의론, 근대화 성취에 주목하는 식민지 근대화론, 식민지 근대성론으로 구분하는데, 유 교수가 주목한 것은 식민지 근대성론이다. 식민지 근대성론은 "문화주의의 인식론과 이론적 논점을 수용해 식민주의와 근대성이 부분적으로 모호하게, 파편적으로 교차하고 중첩되는 과정"을 중시한다.

책은 이 식민지 근대성론을 토대로 그 시기의 사회변동 과정에서 자신들을 재구성해야 했던 개별 주체들이 "집합적으로 공유하게 된 감정과 감각들에 실체를 부여하고 역사화하는 데 목적"을 둔다. 이를 정면으로 응시하고 극복하기 위해서 유 교수는 피에르 부르디외의 아비투스 개념, 비근대 유색인종 사회가 서구 문명과 조우했을 때 발생하는 심각한 트라우마를 파헤친 프란츠 파농의 작업을 끌어들인다.

식민주의와 근대주의의 트라우마는 비서구 식민지인들에게 열등감, 모욕, 수치 등 심리적 상흔과 함께 물질적 풍요와 사회적 성공, 명예, 권력과 세력, 타인의 인정과 평가에 대한 열망과 비교우위를 통한 나르시시즘의 공격성을 심어 놓았다. 유 교수는 식민지 시대의 그런 양상들을 신문 · 잡지 · 책에 대한 실증적 연구를 통해 매우 구체적으로 제시한다.

지금 우리 사회의 부정적 양상들은 그 복사판일 수 있다. 근대성의 주요 수입 통로가 일본에서 미국으로 바뀌었을 뿐, 트라우마는 치유되지 못했다. 파농은 탈식민화는 피식민 경험의 주체들이 "나르시시즘에서 벗어나 현실을 직시하면서 제국이 부정하고 스스로 파괴했던, 식민주의의 폭력과 모욕에 의해 너덜너덜해진 자신의 인간성을 복원할 때 비로소 완료될 것"이라고 했다. 그때 비로소 진정한 근대도 시작될 것이라는 유 교수는 '촛불혁명'에서 그 희망을 본다.

한승동, 「한국의 그늘 '식민지 근대성 트라우마'」, 『한겨레』, 2017. 6. 29.

활동 문제

1. 이제까지 읽은 책의 목록을 작성해 보자. 이것은 자신의 독서 연보이기도 하다.

2. 자신의 인생에서 가장 큰 영향을 미친 책을 선정해 보자. 그 책을 선정한 이유와 자신에게 미친 영향에 대해 간략하게 기술해 보자.

3. 자신이 읽은 책 중 타인에게 추천하고 싶은 책을 선정하고, 그 이유를 기술해 보자.

4. 다음과 같이 ①~⑤의 순서로 논증 구조의 서평을 한 편 완성해 보자.

① 서평 도서 선정하고 정독하기: 이 책을 누구에게 어떻게 소개할지 발췌·메모를 하며 읽어 보자.

② 서평 주제문 작성하기: 서평 도서에 대한 자신의 평가 혹은 판단을 완결된 하나의 문장(서평 주제문)으로 작성해 보자.

③ 서평 주제문의 근거 찾기: 세 가지의 근거를 책에서 찾고 각각을 완결된 문장(본론 단락별 주제문)으로 작성해 보자.

④ 서평 작성하기: '서론-본론1(근거1)-본론2(근거2)-본론3(근거3)-결론'의 다섯 단락으로 2,000자 내외의 서평을 작성해 보자.

⑤ 서평 초고 검토 및 고쳐쓰기: 팀원의 서평을 함께 읽고 검토 의견을 교환한 후 고쳐 써 보자.

5장

문화 비평 쓰기

1. 문화 비평이란 무엇인가

인간의 일상은 노동과 여가와 휴식으로 구성된다. 문화는 인간이 물질적·정신적 활동을 통해 자연 상태의 것을 변형하여 창조해낸 것을 통칭한다. 인간이 창조해낸 문화는 다시 인간의 일상생활에 영향을 미친다. 문화는 노동을 조직하고, 여가를 확장하고, 휴식의 방법도 결정한다. 과거에 문화는 고급예술을 지칭하는 경우가 많았으나, 현대에는 인간의 일상과 대중의 활동도 문화에 포함된다. 문화는 삶의 총체이면서, 인간이 지속적으로 변화시키는 운동성을 지니고 있다.

현대인의 일상적 삶도 문화의 영역에 포함된다. 아침에 일어나자마자 스마트폰을 확인하고, TV를 켜 놓고 아침 식사를 하고, 직장에서 약속된 방식에 따라 노동을 하고, 퇴근 후에는 휴식을 취하는 것도 문화다. 이를 일상

문화라고 한다. 일상문화는 인간이 반복되는 삶의 과정에서 받아들인 예측 가능한 생활 양식을 말한다. 일상문화와 더불어 대중문화도 있다. 현대사회에서 대중문화는 대량으로 생산되고 유통되며, 대중들에 의해 향유되는 문화를 지칭한다. 현대인은 출퇴근길에 버스·지하철·옥외 광도를 보고, 스마트폰으로 웹툰·웹소설을 보고, TV나 컴퓨터를 통해 음식과 요리 관련된 프로그램을 본다. 노동의 시간이 끝난 이후에 영화를 보거나 연극, 음악을 듣는다. 대중문화는 특정 소수가 향유하는 고급문화가 아니라 다수의 대중이 향유하고 생산하는 문화를 지칭한다.

일상문화와 대중문화는 현대인의 삶을 촘촘하게 둘러싸고 있어서, 비판적 관점으로 바라보지 않으면 생산·소비·유통·향유의 과정에서 발생하는 권력의 효과를 실체화하기가 쉽지 않다. 문화 비평은 삶의 과정에서 대중의 이데올로기에 영향을 미치는 일상문화와 대중문화를 비판적 관점으로 접근한 글쓰기이다. 문화 비평은 대중적 관점에서 일상의 혁명을 꿈꾸는 즐거운 글쓰기를 지향한다. 대중문화와 일상문화의 현상을 해설하고, 분석하고, 비판하는 글쓰기가 문화 비평이다. 문화 비평은 일상문화의 다양한 양상에 대해 분석하는 글쓰기이고, 적극적으로 대중문화를 향유하며 쓰는 즐거운 글쓰기이다. 그러면서도 자신이 사는 세계의 문화 변동을 인식하는 지적 행위이기도 하다.

문화의 개념은 '지적·예술적 활동의 결과 및 산물'이나 '그 활동의 발전 과정'으로 규정돼 왔다. 문화라는 개념은 20세기 후반 구조주의의 영향 하에서 '삶의 양식'에서 점차 '상징체계'를 일컫는 것으로 변화했다. 문화 비평의 대상은 '삶의 양식과 상징체계로서의 문화'이다. 기호학과 언어학의 영향 아래 형성된 상징체계로서의 문화는 개인·집단·사회구성체·국가 등을 아우르며 중층적으로 작용하는 인문학적 탐구의 대상이 되었다. 즉, 문화는 개인과 사회의 관계 속에서 개인의 의식·무의식과 사회집단의 의식·무의식에 작용하는 힘이라고 할 수 있다. 하지만, 문화 인류학 등의 분과학문에서 문화는 인류의 역사적 과정과 현존성을 대상으로 삼아 어떤 합법칙성과 패턴 변화의 규칙성을 탐구하는 대상이다. 따라서 문화 인류학에서 문화는 '합법칙성·패턴 연구'를 목적으로 하기에 '개인·사회의 고유성 도출'을 지향한다. 또 다른 분과학문인 문화사회학은 '문화에 대한 사회학적 접근'을 특징으로 한다. 사회에서 문화가 행하는 실제적 기능 연구를 통해 '행위 유형의 체계화'를 목적으로 하는 것이 문화사회학이다. 이에 반해 특정한 삶의 방식과 상징체계를 대상으로 하는 문화 비평의 영역은 '인문학적 성격'을 지닌다. 그래서 '텍스트·기호·담론' 연구를 통해 의미의 생성과 조직화를 지향하는 것이 문화 비평의 중요한 목표이다.

2. 왜 문화 비평을 쓰는가

현대 자본주의 사회에서 대중은 '소비하는 개인'으로 생활한다. 소비를 통해서 노동에 활력을 불어넣고, 다시 새로운 생산의 동기를 얻는다. 인간은 자기 스스로 삶의 동기를 발견하고, 일상생활을 스스로 결정할 수 있을 때 주체적 존재가 된다. '소비하는 개인'은 삶의 긍정적 가치를 소비의 즐거움으로 치환함으로써, 삶의 많은 부분을 소비를 할 수 있는 화폐 획득에 투자하는 모순에 빠지고 만다. 일(work)과 여가 생활(leisure)이 한 몸임에도 현대 사회는 이를 이분법적으로 분리하려는 경향이 있다. 현대 자본주의 사회의 모토는 '소비의 달콤함을 위해 생산의 고통을 감내하라'로 집약할 수 있다.

문화 비평은 바로 '생산/소비'의 이분법적 사고를 비판하며, 삶의 긍정적 가치를 주체적으로 발견하려는 지적이면서도 비판적인 글쓰기 작업이다. 문화 비평의 토대는 근대 자본주의의 발전이지만, 문화 비평의 지향은 근대를 넘어서는 인식의 전환이다. 한국 문화 비평이 1990년대 초반의 소비 자본주의와 함께 발전했던 것도 이 때문이다. 문화 비평은 언뜻 보기에 소비에 대한 찬양에서 출발한 것처럼 보이지만, 사실은 소비하는 개인의 분열에 대한 반성에서 성장의 자양분을 섭취했다. 문화 비평이 실천적인 이유는 비판적 태도를 통해 삶에 개입하고, 일상을 새롭게 조직하려 하기 때문이다.

3. 문화 비평의 특성

문화 비평은 경계적인 성격을 지닌 글쓰기 활동이다. 문화 비평은 대중문화나 일상 문화의 영역에서 발생하는 구체적 사건을 텍스트로 삼는다. 문화 비평의 특성은 다음과 같이 구체화할 수 있다.

첫째, 사회적, 정치적 사건을 문화 비평적 태도로 접근하려는 글쓰기이다. 사회적 사건이나 정치적 사건을 개별적인 것으로 보지 않고, 삶의 양식과 상징체계로 분석하려 한다. 그렇기에 사회적, 정치적 사건에 대한 저널리즘적 접근에 그치지 않고, 사회 구조에 대한 분석과 이데올로기 비판적 성격을 띠는 경우가 많다.

둘째, 대중 예술의 문화적 의미를 해석함으로써 대중의 욕망을 파악하려는 글쓰기이다. 문화 비평은 대중예술 텍스트 비평에 집중하는 경향이 있다. 수용미학과 독자반응비평에 나타나는 태도와 유사한 것으로, 수용자 분석을 통해 대중의 욕망을 도출해내려 한다.

셋째, 일상문화와 대중문화 현상에 대해 내재적 접근보다는 외재적 접근에 가까운 글쓰기이다. 일상 문화와 대중문화 현상에 대한 분석을 위해 문화 비평은 텍스트 외부가 전제되어 있다. 텍스트를 둘러싸고 있는 맥락을 밝혀냄으로써, 텍스트 자체에만 머물러 있으려 하지 않는다. 이는 문화텍스트가 삶의 상징적 질서를 반영한다는 인식에 가까운 것이다. 문화 비평에는 일상문화와 대중문화 현상을 상징화, 기호화 체계로 밝히려는 노력이 포함되어 있다.

넷째, 하위문화·소수 문화 등 문화적 다원화를 위해 텍스트를 비평하는 글쓰기 태도를 지향한다. 문화 비평은 기존의 정통적 예술비평에 비해 훨씬 정치적이고 전복적인 성격을 지닌다. 따라서 지배질서에 대항하는 저항적 태도로 문화 현상을 비평한다. 이러한 대립적 성격 때문에 지배체제 속에서 배제되어 있던 하위문화와 소수문화에 친화적 경향을 띠는 경우가 많다.

이를 정리하면, 문화 비평은 ① 사회적 사건에 대해 문화적으로 접근, ② 대중 예술의 문화적 의미화, ③ 일상 문화와 대중문화 현상에 대한 분석, ④ 하위문화·소수문화 등 문화적 다원화를 위한 글쓰기라고 특징지을 수 있다.

문화 비평은 전방위적 개입 때문에 특정한 영역을 다루는 글쓰기로 규정하기 힘든 듯이 보인다. 그러나 문화 비평은 '삶의 양식으로서 문화'를 이해함으로써, 일상생활을 조작하고 있는 의식·무의식적 사건들에 개입한다는 특성을 지니고 있다.

4. 문화 비평의 방법

인터넷 매체의 발달로 인해 '담론 생산의 민주화'가 이뤄지면서, 유튜브·블로그·게시판·커뮤니티·홈페이지 등에서 문화 현상에 대해 비평적 활동을 하는 이들이 양적으로 팽창했다. 인터넷에서 마니아 비평, 오타쿠적 글쓰기 등을 통해 활동하는 사이버 논객들이 활동한다. 문화 웹진과 문화 전문지, 그리고 계간지들과 신문의 칼럼 등도 문화 비평에 포함된다.

문화 비평은 대중문화와 일상문화를 텍스트로 삼아 '이데올로기와 욕망, 그리고 삶의 상징적 질서'를 분석한다. 이 비평은 대중문화 텍스트, 일상문화, 문화권력과 제도 등에 대한 분석을 통해 주체가 어떻게 재현되고, 이 재현의 정치 속에서 어떻게 지배 이데올로기가 관철되는가, 저항적 위반의 가능성이 모색될 수 있는가를 살핀다. 그래서 문화 비평은 정치적이며 실천적 성격을 강하게 띤다.

문화 비평은 문학비평·영화비평·미술비평 등과 같은 장르비평이 자신의 영역을 분명히 설정했던 것과 달리, 특정 영역을 특권화해 제도권력으로 작동하는 것을 거부한다. 장르비평이 사회적 실천과 이데올로기 비판적 기능을 수행해 왔다 하더라도, 문화적 맥락 일반에서 벗어난 차별화된 지위를 획득하고 있다고 볼 수 없다. 문화 비평은 삶의 상징적 질서에 대한 분석을 지향하기에, 이른바 제도 내에서 이뤄지는 장르비평이라든지 인간의 본질적 본성 등에 대한 접근을 지향하는 전통비평의 문제설정을 넘어서게 된다. 더 나아가 이제까지 비평가의 엘리트주의적 태도에 대해 비판적이며, 대중의 적극적인 참여 속에서 이뤄지는 민주주의적 소통을 지향한다. 따라서 문화 비평은 대중문화와 일상문화의 이데올로기 재생산 기능을 문제 삼으며, 문화적 장 내에서 정체성(identity)이 어떤 방식으로 형성되는가에 주목한다.

문화 비평은 다음과 같은 비평 방법을 통해 글쓰기를 할 수 있다.

첫째, 문화적 텍스트들, 예를 들면 드라마나 대중음악, 웹툰 등이 어떤 이데올로기와 제도 아래 생산되고, 유통되며, 소비되는가에 관심에 관심을 갖는다. 이는 대중이 문화적 텍스트를 향유하는 방식에 대한 관심이기도 하고, 대중이 문화적 텍스트의 생산에 참여할 수 있는 방법에 대한 관심 때문이기도 하다. 따라서 현대 자본주의 사회에서 대중과 문화 텍스트의 관계, 그리고 그 속에 담겨 있는 대중적이고, 미학적이며, 정치적인 권력 관계를 분석하는 방향으로 문화 비평을 수행할 수 있다.

둘째, 문화 비평은 문화적 텍스트의 생산자들, 그러니까 프로듀서나 작가, 엔터테인먼트 회사나 배우 등의 관점에서 바라보지 않고, 시청자나 청취자, 팬의 입장에서 대상을 바라보려는 태도를 취한다. 이는 문화적 생산물을 텍스트로 바라보고, '텍스트의 읽기와 해석'에 주력하는 것이라고 할 수 있다. 따라서 문화 비평은 문화텍스트 수용자의 적극적인 참여를 지향하는 방향으로 글쓰기를 할 수 있다.

셋째, 문화 비평은 대중들이 문화 텍스트를 체험하는 방식을 분석하는 것이 가능한 글쓰기이다. 개인의 체험이 확대되어 대중의 보편적 경험으로 전환되는 양상이나, 사적 기억이 공적 기억으로 바뀌는 지점을 포착하여 비평적 글쓰기를 할 수 있다. 이는 지배적 권력 관계가 문화의 영역에서 어떻게 작동하는가에 대한 분석이면서, 동시에 문화텍스트를 개인이 어떤 방식으로 전유하는가에 대한 추적이기도 하다. 이러한 분석은 지배적 질서가 삶의 양식으로 발현되는 양상을 가시화하여 대중에게 드러내는 것이기도 하다. 또한 특정한 삶의 양식이 재현되는 정치적 작동 방식에 대한 관심의 표명이다.

문화 비평은 미학적 분석에 약하다는 비판을 받곤 한다. 문화생산자들의 권력을 과소평가하면서, 문화수용자들의 의지는 강조한다는 지적도 있다. 하지만 일상적 삶을 새롭게 구성하고, 더 나은 삶의 가능성을 비판적으로 탐색하고자 하는 문화 비평의 문제의식은 대중 미학의 관점에서도 유효한 측면이 많다.

5. 문화 비평의 종류

문화 비평은 ① 대중문화 텍스트 비평, ② 일상 문화 비평 ③ 문화적 사건 비평 ④ 문화담론 비평으로 범주를 구분할 수 있다.

1) 대중문화 텍스트 비평

대중문화 텍스트 비평은 문화생산물에 대해 수용자로서 행하는 비평을 말한다. 대중문화 텍스트는 대중매체를 통해 쉽게 접하고 즐기는 문화적 생산물인 경우가 많다. 구체적으로는 드라마, 영화, 대중가요, 웹툰, 만화, 장르문학 등을 들 수 있다. 대중문화는 상업적이고 통속적인 가벼운 오락물 정도로 취급되었다. 하지만 대준문화는 현대인의 일상생활에 활력을 불어넣는 중요한 삶의 일부이다. 대중예술의 문화적 의미화는 예를 들면, 낙서로 취급되던 '그래피티(graffiti)'를 자유롭고 예술적인 표현으로 의미화한다든지, 윤태호 작가의 웹툰 '미생'을 현대인의 삶과 대비해 분석하는 것 등을 거론할 수 있다.

다음 예문은 봉준호 감독의 〈기생충〉을 텍스트로 하여, 비판적 관점으로 접근한 박우성 영화평론가의 대중문화 비평이다. 2019년 5월에 개봉한 영화 〈기생충〉은 2019년 칸영화제 황금종려상 수상, 2020년 미국 아카데미 작품상·감독상·각본상·국제극영화상을 수상하여 한국영화의 축복이라는 찬사를 받았다. 박우성 영화평론가는 〈기생충〉의 서사구조를 분석한 후, 영화에서 포착할 수 있는 '야만' '원시성'에 대해 문제제기를 한다. 박우성 영화평론가의 대중문화 비평은 〈기생충〉에 대한 긍정적 평가와 대비되는 비판적 접근이라는 측면에서 의미가 있다.

〈기생충〉, 원시적 열정에 반대한다

스포일러를 지켜 달라는 봉준호 감독의 호소는 과장이 아니다. 감춰진 설정을 아는 것과 모르는 것은 〈기생충〉을 감상하는 데 절대적이다. 지금 나는 그것에 대해 말해 보려는 참이다. 알려진 것과 달리 〈기생충〉은 두 가족이 아니라, 명백하게도 세 가족에 관한 영화다. 반지하 가족의 장남 기우가 저택 가족의 장녀 다혜의 과외 교사로 채용되면서, 두 가족으로 대표되는 계급 구도가 본격화된다. 하지만 돌이켜 보면 영화의 진심과 맞닿은 이른바 '가족 희비극'은 나머지 한 가족이 없었다면 애초에 구체화될 수 없었다. 이 가족은 철저히 가려져 있다가, 돌발적으로 솟아오르고는, 섬뜩하게 사라져 버린다.

문광은 저택의 오랜 입주 가사도우미다. 그런데 반지하 가족의 전략에 밀려 그만 직장에서 쫓겨나고 만다. 예상컨대 봉준호 감독이 말하는 스포일러는 이 지점부터다. 며칠 후, 해고된 문광이 미처 못 챙긴 게 있다며 초인종을 누른다. 알고 보니 저택 지하실 아래에 비밀 벙커가 있었고, 바로 거기에 남편 근세가 박사장 가족이 이사 오기 전부터 숨어 지내고 있었던 것이다. 어쩌면 영화의 제목에 부합하는 대상은 반지하 가족도 저택 가족도 아닌 바로 이 벙커 가족인지도 모른다.

이들이 일으키는 파장은 심대하다. 다양한 형태로 기이한 활력을 뿜으며 다른 가족들이 쌓아온 구도를 비틀거나, 굴절시키거나, 부러뜨린다. 이런 점에서 〈기생충〉은 단순히 반지하로 대표되는 빈곤층과 저택으로 표상되는 부유층 사이의 계급 갈등을 그리는 영화가 아니다. 제3의 것을 전면화하면서 영화는 대표성과 구도 자체에 균열을 가하며 그러한 양립에서조차 배제되는 비가시적 존재를 환기한다. 잉여, 이질,

타자 등으로 수식되는 존재의 사각지대를 장르를 비틀거나 서사를 흔들어 어떻게든 부여잡으려는 영화적 의지야말로 지금껏 봉준호 감독이 일궈낸 인장일 것이다.

문제는 유독 〈기생충〉에서만 도드라지는 카메라 시선의 폭력적 욕망이다. 벙커에서 기생하는 근세의 모습을 기억하는가. 그는 바나나를 게걸스럽게 먹어치운다. 젖병을 물고 있거나, 다 쓴 콘돔을 이상한 방식으로 늘어놓는다. 이제는 사장된 언어인 모스 부호에 집착하거나, 비논리적 숭배자의 모습에 심취하기도 한다. 무엇보다 그는 광기 어린 살인마가 된다. 이처럼 제3의 영역과 관련된 〈기생충〉의 형상화는 예컨대 '마더'에서의 역광으로 포착된 기묘한 춤사위와 같은, 모호하기 때문에 더 많은 것을 연상케 하는 이미지들과는 성격이 전혀 다르다. 그것은 존재의 사각지대를 비이성의 야만이라 명명할 수밖에 없는 딱딱한 형상 안에 철저히 가둬 버린다.

이것은 제3세계 지식인이 자국의 하위 주체를 필요 이상으로 원시화시켜 제1세계 사람들 앞에서 전시하는 욕망, 즉 원시적 열정이다. '저곳' 사람들은 '이곳'의 열정을 승인하며 여전히 굳건한 '서양=문명 vs 동양=야만'의 도식을 확인한다. '이곳'의 지식인은 '저곳'의 승인 덕분에 자국 내의 담론 지배권을 획득하거나 공고히 한다. 중요한 것은 소외되는 존재가, 바로 그 가난의 특수성이 굴절된 열정을 통과하며 자극적인 전시품으로 추락해 버린다는 사실이다. 나는 〈기생충〉의 원시적 열정에 반대한다.

박우성, 「〈기생충〉, 원시적 열정에 반대한다」, 『중앙선데이』,
중앙일보사, 2019. 6. 8., 31쪽.

2) 일상문화 비평

현대인의 일상에 대한 문화 비평적 접근은 문화 비평의 중요한 영역 중 하나다. 일상문화는 개인이 노동과 휴식, 공적생활과 대비되는 사적생활 등 일상생활을 하는 과정에 경험하게 되는 것들을 통칭한다. 개인의 일상은 권력관계, 라이프스타일, 삶의 조직 방식 등에 영향을 받게 된다. 이에 대한 비평적 접근의 중요한 부분을 문화 비평이 맡고 있다. 일상은 그것으로부터 벗어났을 때, 비로소 실체가 보인다. 그런 측면에서 문화 비평은 일상에 대한 거리두기, 혹은 일상 탈피를 꿈꾸는 행위이기도 하다. 문화 비평이 라이프스타일, 여가문화, 패션, 유행 등 일상문화를 텍스트로 삼아 지속적으로 발언하고자 하는 것도 일상의 변화를 꿈꾸기 때문이다.

일상문화 비평 글쓰기는 문화적 삶(혹은 일상문화적 삶)을 향해 있다. 그러나 문화적 삶은 경쟁의 원리를 통해 구현되는 것이 아니라, 새로운 상생의 논리를 통해 구축이 가능하다. 이를 위해서는 토론과 비판을 통한 합리적 가치판단 훈련 및 타인의 취향에 대한 포용적 시선의 확보를 위한 감수성의 변화를 위한 훈련도 함께 이뤄져야 할 것이다.

다음 글은 '담배와 혐오'를 연결시켜, 일상문화를 비판적으로 접근한 문화 비평이다. 한국사회에서 보편적으로 받아들여지고 있는 금연 캠페인이 흡연자의 입장에서는 과도할 수도 있다. 여기서 더 나아가 흡연자를 혐오하는 문화에 대해서는 비판적으로 바라볼 필요가 있다. 오창은 편집위원은 비흡연자와 흡연자가 함께 공존하기 위해서는 상호간의 상황을 이해할 수 있는 상상력이 필요하다고 보았다. 흡연자는 비흡연자를 존중하고, 비흡연자는 흡연자를 절멸의 대상으로 삼지 않아야 한다는 것이다. 광범위한 금연 캠페인 속에서 상호존중의 문화를 이야기하고 있는 예외적 일상문화 비평이라고 할 수 있다.

혐연의 시대, 흡연자는 어떻게 벌레가 되었나

조금 주의 깊게 관찰하며, 거리 곳곳은 금연 캠페인으로 넘쳐난다. 관공서의 게시물을 부착하는 곳에도, 지하철의 전광판에도 다양한 문구의 금연 관련 글들이 보인다. 구청 게시판에는 "독을 피우고 계시군요? 담배, 오늘 끊지 않으면 내일은 없습니다"라는 포스터가 붙어 있었다. 지하철 1호선에서는 "흡연은 질병입니다. 치료는 금연입니다"라는 금연 캠페인 동영상을 볼 수 있었다. 인터넷에서도 신념에 찬 개인들의 흡연자들에 대한 공격을 날카롭다. 어떤 이들은 "담배갓, 길뽕, 흡연충" 없는 세상을 열망하고, 어떤 이들은 "흡연충들에게 죽음을"이라는 저주를 내린다.

담배 없는 세상이 가능할까? 담배가 전혀 없는 '순수한 공기'를 마실 수 있는 세상은 불가능하다. 흡연자들이 지금보다 훨씬 줄어든 세상은 조만간에 도래할 수 있다. 담배의 재배 유통 판매가 철저히 금지된 법체계에서도 누군가는 담배를 은밀히 재배하여 피울 것이다. 인류의 역사 속에서 반복된 금주령, 금연령에도 담배 피고 술을 마시는 사람들은 절멸되지 않았다. 인류의 역사 속에서 가장 철저하게 흡연을 중범죄로 다뤄던 사람은 '무라트 4세(Murad IV)'로 알려져 있다. 오스만제국의 제17대 술탄이었던 그는 1633년 '흡연을 중범죄'로 규정하고 직접 단속에 나섰다. 다양한 모습으로 변장을 하고 콘스탄티노플을 돌아다니며 '담배를 구할 수 있느냐'고 묻고는 응하는 사람이 있으면, 바로 머리를 베라고 명령했다. 기록에 의하면 15년 동안 2만 5천명이 목숨을 잃었다고 한다. 그는 담배뿐만 아니라 커피와 와인, 아편을 피우는 사람도 처형했다. 19세기까지도 오스만투르크인들은 흡연자의 코를 잘랐다고 한다. 이는 역설적으로 담배를 그렇게 엄하게 다뤘음에도 누군가는 계속 피웠다는 사실을 반증한다.

담배가 없는 순수한 공기의 세계를 열망하고, 고통 없는 질서를 상상할 수는 있다. 그것을 현실 세계 속에서 실현하려고 하는 순간 세상의 공기는 더 오염되고, 세계는 새로운 고통 속에 빠져드는 폭압의 공간이 될 가능성이 크다.

새로운 질서의 구축은 공존 속에서 가능하다. 흡연자를 제거하고 격리하려고 하는 순간 극단적 갈등은 증폭될 수밖에 없다. 사람은 누구에게나 모순적 취향이 있을 수 있다. 누군가가 싫어하는 술을 마실 수 있고, 특정한 게임을 즐길 수도 있고, 다른 사람이 혐오하는 음식을 즐기는 취향을 가질 수도 있다. 어떤 사람은 스트레스를 받으면 설거지에 병적으로 집착할 수도 있고, 특정한 냄새에는 못 견뎌 할 수도 있다.

앞으로 한국 사회에서 흡연자는 더 불편한 상태에서 담배를 피워야 할 것이다. 흡연자들은 더욱더 비흡연자를 의식하는 배려의 문화를 일상화할 필요가 있다. 이를 통해 비흡연자는 과거와 비교해서 더 나은 환경을 갖게 될 것이다. 하지만, 흡연자를 완벽히 배제하거나, 담배를 근원적으로 축출할 수는 없다. 더불어 담배를 피우든 피우지 않든 한 공간에 한 공기를 호흡하는 사람임을 서로 인정하는 수밖에 없다. '흡연충들'은 결코 추상적이고 집단적 덩어리들이 아니다. 더불어 흡연자들은 비흡연자들의 맑은 공기에 대한 요구를 더욱 의식해야 할 것이다. 내 가족 중 누군가가 흡연자이기도 하고 비흡연자이기도 하며, 고등학교 동창인 친구가 담배를 피고 있거나 담배를 대단히 꺼려 할 수 있다. 항상 의지하여 함께 일해야 할 동료가 흡연을 위해 주기적으로 자리를 비우고 있을 수도 있다. 흡연자는 드러내놓고 비웃고 멸시하고 비난해도 좋은 존재가 아니다. 그렇다고 흡연자들이 특권적 지위를 갖는 것도 아니다. 마사 C. 누스바움은 『혐오에서 인류애로』라는 책에서 '혐오의 정치'에 대항하는 방법으로 '상상력'을 강조한다. 그는 "상상력이 없는 존중이란 정치적으로 불완전한 것이다"이라고 했다. 더 나아가 "'존중'이라는 이름이 아깝지 않으려면, 모든 존중에는 반드시 상상력을 동원해 타인의 삶에 감정적으로 참여하는 능력이 포함되어야 한다"는 주장까지 제시했다.

상상력은 자신이 알고 있는 정보와 지식이 불완전하다는 것을 인정하는 것이다. 순수한 것에 대한 열망에 맹목적으로 따르기 보다는 다양한 가능성에 대해 열린 자세를 취하는 것이기도 하다. 이는 흡연자와 비흡연자가 공통으로 사고해야 할 지점이다. 상상력의 확장은 타인에 대한 관심과 호기심이며, 더불어 살기 위해 감내해야 하는 수고로움이기도 하다. 혐오 과잉사회의 이면에는 상상력의 결핍이 있다. 공감 능력의 상실이 혐오담론의 과잉팽창을 불러오고 있다.

오창은, 「혐연의 시대, 흡연자는 어떻게 벌레가 되었나」. 『문화/과학』 93호, 문화과학사, 2018, 262~264쪽.

3) 문화적 사건 비평

문화적 사건은 텍스트 분석을 통해 의미화가 가능한 사건을 말한다. 의미화가 가능한 문화적 사건은 순간적이면서도 계기적으로 발생한다는 특징을 지닌다. 철학자 이정우는 "A나 B가 아니라 A에서 B로 넘어가는 순간, 이 순간 속에서 나타났다가 사라지는 것이 바로 우리 삶에서 중요한 의미를 담고 있는 사건"이라고 했다. 인간은 다양한 차이들이 서로 마주침으로써 발생하는 사건을 통해 세계에 대한 해석의 지평을 확대해 나간다. 더불어, 문화적 사건은 이데올로기의 영역에서 현대인의 의미체계와 가치 체계에 영향을 미치는 경우가 많다. 그런 의미에서 문화적 사건에 대한 기술은 대중문화와 일상문화 영역에서 현대인이 문화적 영향력을 행사하거나, 문화적 영향을 수용하는 방식을 분석·해석하는 것이어야 한다. 이데올로기의 작동 방식에 대한 패턴 분석은 궁극적으로 반성과 성찰을 통해 사회적 실천으로 나아가는 것이기도 하다.

의미화가 가능한 문화적 사건에 대한 비평은 일종의 공통감각에 대한 해석 작업이다. 어떤 사건이 공동체의 감성과 판단의 형식에 이데올로기적 영향을 미쳤다면, 그것은 중요한 문화적 사건이 된다. 문화적 감성의 변화는 물적 토대의 변화에 기반하면서도 독특한 감성구조 안에서 내면화된다. 그런 의미에서 문화적 사건으로 인한 감수성의 변화는 특정 요인의 지배적 영향력하에서 이뤄진다기보다는 복합적이고도 중첩적인 요인에 의해 이뤄지는 경우가 많다. 심지어는 정치·경제·과학적 격변과 거리를 둔 '상대적 자율성'을 지닌 채 '문화적 사건'이 발생하는 경우도 많다. 정리하자면, 문화적 사건에 대한 기술은 '현대인의 판단형식의 반복이 어떤 이데올로기적 효과의 산물인가를 살핌으로써, 개개인의 '살아있는 경험'이 어떤 공통 감각으로 귀착되었는가'를 살피는 작업이라고 할 수 있다.

다음 예문은 2019년 8월 3일 일본 아이치현(愛知縣)에서 발생한 '평화의 소녀상'의 전시 중단 사건을 통해 '검열과 표현의 자유' 문제를 제기한 문화비평이다. '평화의 소녀상' 전시 중단 사건을 검열과 표현의 자유라는 주제로 접근하면, 문화내셔널리즘 극복을 위한 다양한 연대의 가능성이 드러난다. 이동연 문화평론가는 '평화의 소녀상' 검열은 문화내셔널리즘을 넘어서는 세계시민의 감수성 확장이라는 과제를 제기한다고 주장했다.

한·일 문화 내셔널리즘을 넘어서

2019년 8월 4일, 일본 아이치 트리엔날레 2019 '표현의 부자유전(展) 그 후'에 출품된 김운성 작가의 '평화의 소녀상' 전시가 중단되는 초유의 사태가 벌어졌다. 일본 극우파들의 위협이 예상되어 관객의 안전을 위해 주최 측이 내린 불가피한 결정이란다.

전시회의 주제는 이미 논란을 예고했다. '평화의 소녀상'뿐 아니라 일본이 금기시하는 일왕과 군국주의를 문제 삼는 작품이 주되게 전시되었기 때문이다. 표현의 자유의 중요함을 알리려는 전시회는 역설적이게도 표현의 자유가 얼마나 허망하게 침해되는지를 보여 주었다.

이번 전시 중단 사태가 갖는 특별한 점은 검열과 표현의 자유의 주체를 우리가 어떻게 파악할 것인가에 있다. 전시를 중단시킨 자는 누구인가?

실제 전시 중단을 결정한 사람은 전시회 실행위원장을 맡은 오무라 히데아키 아이치현 지사이다. 그런데 오무라 지사는 애초에 이 전시를 승인한 사람이다. 반면 가와무라 다카시 나고야 시장은 사태가 발생하기 이전에 '평화의 소녀상'이 "일본인의 마음을 짓밟는 것"이라며 전시 중단을 오무라 지사에게 요구했다. 오무라 지사는 처음에는 그 요구를 수용하지 않았다. 그러나 그는 일본 극우파의 테러위협이 가중되자 관객의 안전을 위해 전시 중단을 결정했다.

나중에 오무라 지사는 이 결정이 일본 헌법 21조를 위반한 것이라고 말했다. 사실상 검열을 스스로 인정한 것이다. 그런데 그가 그러한 결정을 내린 배경에는 일본 극우파들의 협박이 있다. 일부 언론에서는 일본 정부가 예술제 보조금 삭감을 시사하며 전시 중단을 압박했다고 보도

하기도 했다.

그렇다면 이번 전시 중단을 내린 실질적인 주체는 누구일까? 오무라 지사인가, 가와무라 시장인가, 일본 극우파인가, 아베 정권인가, 아니면 일본인들 그 자체인가? 오무라 지사가 실제로 전시 중단 결정을 내렸지만, 모든 책임을 그에게 전가할 수는 없을 것이다. 그 안에는 포스트 군국주의 욕망을 둘러싼 일본 내부의 복잡한 역학관계가 내재해 있다.

이제 표현의 자유를 주장한 자는 누구인가? 김운성 작가는 본인의 의사와 관계없이 검열을 당했다. 그 사태에 항의하기 위해 한국의 박찬경, 임민욱 작가도 자발적인 전시 중단을 결정했다. 그리고 이번 전시 중단 결정에 대해 일본 측 전시 실행위원들은 '평화의 소녀상' 전시 재개를 요구하는 질의서를 오무라 지사에게 전달했다. 일본의 양심적인 문화예술인들도 이번 사태를 강력하게 규탄하는 집회를 열기도 했다. 한국의 38개 문화예술단체들도 일본의 끔찍한 검열 행위를 규탄하는 성명서를 발표했다.

표현의 자유를 주장한 자들은 비단 한국 작가들, 한국 문화예술인들만이 아니고 일본의 문화예술인들, 이번 전시에 참여한 72명의 다양한 국적의 예술가들이다.

대법원이 일제강점기 당시 강제징용 피해자들 보상을 확정 판결한 후에 곧바로 가해진 아베 정권의 경제보복 조치는 사실상 21세기 군국주의 부활의 욕망을 품은 정치적 조치이다. 이 조치는 '평화의 소녀상' 전시 중단으로 이어지는 한·일 문화냉전의 대결구도로 이행했다.

아베 정권이 노리는 것은 한국과 일본이라는 '네이션', 한국인과 일본인이라는 '세계 시민' 사이의 대결을 조장하는 것이다. 우리가 진정으로 경계해야 할 것은 21세기 군국주의 부활과 그 효과로서의 문화내셔널

> 리즘을 재생산하는 문화냉전 세력들이다.
>
> 검열은 일본이 했고, 표현의 자유는 한국이 지켰다라는 일방적인 문화내셔널리즘의 이분법을 넘어서야 한다. 우리 안에도 검열의 주체들이 있고, 그들 안에도 표현의 자유의 주체들이 있다.
>
> '평화의 소녀상' 사태가 주는 교훈은 아베의 포스트 군국주의가 재생산하려는 문화내셔널리즘을 경계하면서, 국경을 넘어 표현의 자유의 보편성을 위해 함께 연대하는 세계 시민의 감수성이 얼마나 중요한가를 상상하는 것이다.
>
> 이동연, 「한·일 문화 내셔널리즘을 넘어서」, 『경향신문』, 2019. 8. 16., 27면.

4) 문화담론비평

담론(談論, discourse)은 '언술의 체계'를 말한다. 즉, 의사소통 과정에서 특정한 의미가 만들어지고 재생산되는 과정을 지칭한다. 그 과정이 다양한 문화적 환경과 결합해 하나의 구체적 구성물이 된다. 개별적인 텍스트들이 서로 결합되어 하나의 체계를 형성하면 보다 큰 담론으로 발전한다. 문화담론비평은 문화적 생산물이 가치 중립적이지 않고, 특정한 체계의 일부로 작동하고 있음을 밝혀내는 것이다. 문화적 생산물에 기입되어 있는 담론을 분석함으로써 한 사회에 내재해 있는 거대 담론을 도출해낼 수도 있다. 그러므로 담론비평은 언어를 둘러싸고 이뤄지는 권력분석이면서, 현대 사회에서 이뤄지는 문화적 텍스트(사건)의 생산·유통·소비과정을 문제삼는 글쓰기이기도 하다.

미국의 문화연구자 존 피스크는 "대중문화는 문화산업에 의해 생산되는 것이 아니라 대중에 의해 만들어진다"고 말한 바 있다. 피스크의 이러한 주장은 문화 수용자들의 자율적 의지에 의미를 부여한 것이었다. 하지만, 문화 수용자 대중이 문화산업과 생산에까지 영향을 미치기 위해서는 보다 전환적인 사고가 필요하다. 더군다나 현대의 대중은 보편적 윤리의식에 따라 행위를 한다기 보다는 예측이 어려울 정도로 우발적이고 변화무쌍한 사건에 더 열렬히 반응하는 경우가 많다. 그런 측면에서 현대의 대중은 다원화된 매체 환경에서 다층적 정체성을 유지하고 있는 것으로 보인다. 표면적으로 피스크의 주장처럼 현대 사회의 문화적 사건은 대중이 만들어나가는 것처럼 보인다. 하지만, 그 이면에는 대중의 취향과 감수성에 개입하려고 하는 문화산업 자본의 '권력 의지'와 '자본의 논리'가 끊임없이 작동하고 있다. 그 작동의 중요한 부분 중 하나가 바로 담론이라고 할 수 있다.

다음은 '다문화주의'에 대해 문화담론비평을 한 것이다. 김성윤 연구원은 20대의 '반(反) 다문화 성향'에 대해 분석한다. 그는 '문화적 특성으로 상대를 낙인찍는 신인종주의'의 위험성에 대해 경고한다. 그러면서 사회정치적 윤리가 다문화주의 담론과 결합해야 할 필요성에 대해 제기한다.

다문화주의의 끝자락

어느 주간지가 보도한 바에 따르면, 우리나라 사람 중에서 20대들의 반(反)다문화 성향이 제일 강하다고 한다. 놀라운 일이다. 노무현 정부 이래로 가장 다문화주의적인 교육을 받고 자란 세대에게서 가장 반다문화적인 정서가 관찰되다니. 이제는 그 누구도 우리가 단일민족이라 상상하지 않는다. 그런데 그렇게 순혈주의가 물러났음에도 인종주의는 사라지지 않는다. 난민 혐오, 이슬람 혐오, 중국동포 혐오, 심지어 다문화주의 자체에 대한 혐오. 실제로 이들의 말을 경청해 보자.

"그래도 우리 민족, 우리 국민이 우선이어야 하지 않나요?" 난민 혐오

현상 등에서 가장 많이 들을 수 있는 말이다. 다문화주의라고 말들은 하지만 실상 우리 사이에서는 배타적 민족주의가 더 강하다는 증거다. 가령 우리가 '숨겨진 교과 과정'이라 부르는 비공식적 교육 과정들이 대표적이다. 수업시간 중 교사가 들려주는 세상 이야기라든가, 티브이(TV)는 물론 유튜브 등 각종 미디어에서 유포되는 민족주의적 담론들 같은 것 말이다. 그 어느 곳을 보더라도 다문화주의가 민족주의를 대체했다고 볼 증거가 없다. 어떤 면에서 보면 우리 사회의 다문화 교육은 여전히 실패하고 있는 셈이다.

"근데 걔네 진짜로 이상하지 않나요?" 중·고등학교와 대학교에서 오늘날 20대들은 이전까지는 기대하기 어려웠던 수많은 '타자'들과 조우해오고 있다. 이주배경 청소년부터 외국인 유학생과 교환학생에 이르기까지. 그런데 우리가 확인하는 바에 따르면, 그들과 접촉하면 접촉할수록(몇몇 예외적 경우를 제외한다면) 인종주의가 수그러들기는커녕 오히려 더 강해진다. '일본 애들은 뭔가 음험해' '중국 애들은 책임감이 없어' 등등. 그들 개인의 사정이라든가 커뮤니케이션 코드라든가 하는 것들에 대한 숙고는 찾아보기 힘들다. 어쩌면 특정한 낙인과 결론을 위해 타인의 생생한 경험들을 짜맞추면서 인종주의를 살찌우는 게 아닐까 싶을 정도다.

"우리가 낸 세금을 왜 다문화들이 다 받나요?" 인종적 소수자들을 세금 축내는 존재로 이해하는 역차별 논리에 와서는 토론이 더 어려워진다. 심지어 이들은 자신이 인종차별을 하지 않는다고 단언한다. 단지 다문화 정책이나 난민 운동에 반대하고, '저들'을 위한 혜택 때문에 자기 자신 및 우리 민족이 피해를 보는 문제를 호소할 따름이라는 이야기이다. 인종차별을 하지 않는다는 인종주의! 이런 식으로 이들은 사촌이

땅을 사면 배아픈 '더 적은 민주주의'의 신봉자로 전락한다. '나에게도 비슷한 혜택을 달라'는 요구가 아니라 '저들의 혜택을 없애라'는 요구가 제출되는 현실은 참으로 안타깝고 이해하기도 어렵다.

우리 사회의 다문화주의와 그 실천들이 결국 어떤 끝자락에 서게 된 것이 아닐까. 과거의 인종주의가 다문화주의 윤리 덕분에 생물학적 인종주의 상태를 벗어난 것 같긴 하지만, 그와 동시에 '문화적 특성'으로 상대를 낙인찍는 신인종주의라는 국면에 접어든 것처럼 보이기 때문이다. 그런 까닭에 어느 누구도 자신이 인종주의자가 아니라고 생각하면서도, 정작 국가인권위원회는 한국의 인종차별이 매우 심각한 수준이라고 보고하는 기현상이 일어나는 게 아닐까.

지난 십수 년간의 교훈은 다문화주의가 제 발로 혼자 설 수 있는 윤리나 이념은 결코 아니라는 사실을 가리키는 듯하다. 정치경제적 몫의 문제를 해결하지 않는 한, 그리고 다문화적 문화 논리에 상응하는 사회정치적 윤리를 동반하지 않는 한, 우리는 이해하기 어려운 아이러니들만 만나게 될 것이다.

김성윤, 「다문화주의의 끝자락」, 『한겨레』, 2018. 11. 12., 25면.

활동 문제

1. 최근 관심 있게 본 드라마나 영화, 혹은 웹툰이나 그 밖의 문화텍스트에 관한 문화 비평을 작성하려 한다. 문화 비평문 집필을 전제로 구체적 내용을 파악할 수 있도록 글의 개요를 작성해 보자.

2. 작성된 문화 비평 개요에 대한 조별로 토론하고 상호 논평을 진행해 보자.

3. 각 조별로 주목할 만한 문화 비평문 개요 작성 사례를 한 편 선정해 발표해 보자.

연습 문제

한 편의 완성된 문화 비평문을 작성해 보자.

4부

학술 논문 글쓰기

학술 논문의 개념적 이해

학술 논문의 실제

1장

학술 논문의 개념적 이해

학술 논문은 학문적 연구의 결과물을 형식 요건에 맞춰 작성한 글이다. 저자의 지식과 견해, 사상이 학술 논문에 담겨 있다. 단순한 정보 전달이나 사실의 보고에 그치지 않고, 설득적 증명의 과정이 포함되어 있어야 한다. 따라서 학술 논문은 정보와 사실에 대한 저자의 논증적 진술과 논평, 새로운 학문적 성과 생산을 지향한다. 학술 논문은 저자의 학문 연구의 결과, 사상, 견해, 주장을 입증하는 과정과 절차가 타당해야 한다. 이를 통해 학술 논문이 포함되어 있는 학문영역의 발전에 기여할 수 있어야 한다.

학술 논문의 요건으로는 독창성, 정확성, 객관성, 체계성(형식적 적합성)을 꼽는다. 독창성은 기존 연구 성과에는 없는 주제를 선택해 새로운 사실이나 자료를 발견하는 것을 말한다. 새로운 연구 방법론을 개발하거나 적용한 것도 학문적 독창성에 포함된다. 정확성은 학술 논문이 사용하고 있는 연구 내용이나 용어, 개념이 정확하고 분명함을 말한다. 객관성은 사실이나 증거가 객관적으로 증명 가능함을 말하며, 체계성(형식적 적합성)은 해당 학문 분야가 요구하는 논문의 체제와 양식에 부합하는 것을 말한다.

1. 학술 논문과 학술 에세이의 구분

학술적 글쓰기는 크게 학술 에세이와 학술 논문으로 구분할 수 있다. 학술 논문이 학문적 연구의 결과물을 형식 요건에 맞춰 논리적으로 증명하는 글이라면, 학술 에세이는 글을 쓰는 사람이 대상으로 다루는 현상, 사실, 정보에 대한 해석을 자신의 관점에서 정당화하는 글을 말한다. 학술 에세이를 통해 기존의 편견이나 고정관념에 대항해 창의적이고 독창적인 관점에서 비교적 형식에 구애받지 않고 자유롭게 학문적 견해를 밝힐 수 있다. 대학 교육 과정에서 자신의 입장이 드러나도록 쓰는 논증적 글쓰기도 학술에세이의 범주에 속한다.

학술 논문과 학술 에세이는 형식적 측면에서 구분된다. 학술 논문은 해당 학문 분야가 요구하는 논문의 체계와 양식에 맞춰 작성하는 엄격한 글쓰기이다. 이에 반해 학술 에세이는 자신의 주장과 견해를 형식에 얽매이지 않고 자유롭게 기술한다. 내용적 측면에서도 학술 논문과 학술 에세이는 구분한다. 학술 논문은 독창성과 정확성, 객관성을 통해 논증적 태도를 유지한다. 기존 연구에 대한 연구사 검토와 비판적 고찰, 그리고 새로운 사실이나 자료의 발견을 중시하는 것이 학술 논문이다. 이에 비해 학술 에세이는 학문적 전문성과 엄격성이 필수적이지는 않으며, 자신의 주장과 견해에 입각해 새로운 해석의 가능성을 펼쳐 보인다는 측면에서 의미가 있다. 둘 다 논리적 진술로 이뤄진 글쓰기이기는 하지만 학술 논문은 엄격성이, 학술 에세이는 자유로운 생각의 전개가 특징이라고 할 수 있다.

2. 학문 영역별 학술 논문의 특징

학술 논문은 해당 학문 분야가 요구하는 논문의 체계와 형식을 중시한다. 따라서 인문학, 사회과학, 자연과학 분야의 학문적 특징을 이해할 필요가 있다.

1) 인문학 학술 논문

인문학은 삶의 방향, 삶에 대한 의미부여를 지향하는 학문을 말한다. 인문학은 종교적 상징, 철학적 사색, 역사적 기록, 그리고 예술적 상상력으로 표현된다. 인문학은 문헌학에 기반하여 '인간의 근원적 자기 탐색'으로 근대사회 이전에도 존재했던 역사성 있는 학문 영역이다.

일반적으로 인문학은 인류학, 언어학, 철학, 역사, 문학, 예술학 등을 포함한다. 사유적 측면에서 인문학은 특유의 개념과 논리를 통해 인간 자신과 인간을 둘러싼 세계를 탐색한다. 철학적 방법을 통해 다양한 개념과 논리들은 참됨과 선함, 그리고 아름다움에 대한 사색과 통찰을 이끌어내려 한다. 인문학의 중요한 접근법 중 하나가 역사적 방법론이다. 역사적 방법론은 과거의 사실을 확인하고 그것은 재구성함으로써 현재의 기원을 탐구하는 학문 분야다. 역사적 접근은 사실을 확인하려는 철저한 실증 정신과 동시대를 객관화하고 미래를 예측하려는 탐구 정신을 기본 토대로 삼고 있다. 역사적 접근을 통해 현실에 대한 맥락적 이해와 더불어 미래사회에 대한 추론적 이해가 가능하다. 문학과 예술학은 철학적 접근을 통해 도달한 개념의 세계와 역사적 접근을 통해 구축한 실증적 세계를 매개한다. 문학과 예술학은 인간의 내밀한 욕망과 더 나은 삶을 향한 희망의 감각을 구체화한다. 특히, 문학과 예술학은 허구적 상상력의 세계이면서 인간의 내면세계 탐구를 통해 진실에 가닿으려는 지향을 구체적 텍스트로 표현한다.

인문학 학술 논문은 다음과 같은 특징이 있다.

첫째, 개념을 매개로 인간과 세계에 대한 깊이 있고 체계적인 사유를 펼친다. 개념을 확인하고 새로운 개념을 발견해 내는 것이 인문학 학술 논문의 특징이다.

둘째, 사실과 기록의 일치를 추구한다. 그러나 기록과 사실이 일치하는 것은 아니다. 사실에 가까운 기록을 찾는 것이 진실의 확인이라고 할 수 있다. 그런 의미에서 인문학 학술 논문은 객관적으로 증명되는 사실을 통해 진실에 가닿기 위해 자료를 수집하고 확인하는 글쓰기이다.

셋째, 인간의 상상력과 정서적 구체성에 기반해 인간을 표현한다. 특히 문학의 경우는 상상력과 정서적 구체성을 인간의 예술 활동과 연결한다. 자기 세계의 표현을 위해 개성적인 문체로 예술적 상상력을 발현하는 경우도 있다.

2) 사회과학 학술 논문

사회과학은 '한 사회에서 일어나는 다양한 현상들을 분석하고, 작동의 원리와 원인을 밝혀내는 객관적 학문'이다. 사회과학은 동시대성을 중시하며, 개인이 아닌 사회공동체의 현안문제를 다룬다. 인문학이 인간의 정신세계에 관심을 갖고 있고, 자연과학이 인간을 둘러싼 물질세계에 관심을 갖고 있다면, 사회과학은 인간과 인간, 혹은 인간과 물질세계의 관계에 관심을 갖는다. 사회과학은 정치학, 경제학, 사회학, 사회복지학, 법학, 행정학 등을 포함한다.

사회과학 학술 논문은 다음과 같은 특징이 있다.

첫째, 사회과학 학술 논문은 사회현상이라는 구체적인 대상을 다룬다. 사회 계층과 계급 간의 갈등, 빈부 격차의 문제, 실업 문제 등 동시대가 안고 있는 구체적인 문제를 대상으로 한다.

둘째, 사회과학 학술 논문은 객관적이고 실증적인 연구 방법을 중시한다. 사회과학은 19세기 유럽에서 정착한 학문이다. 사회과학은 근대 유럽 사회가 개척한 자연과학적 연구 방법론을 인간사회에 적용한 학문이다. 따라서 주관적 판단이나 상상력보다는 객관성과 논리적 타당성을 중시한다.

셋째, 사회과학 학술 논문은 문제의 실질적 해결을 목표로 하는 글쓰기이다. 사회에서 발생하는 문제의 현상과 원인을 규명하고, 그 문제 해결의 대안을 제시하는 것이 사회과학 학술 논문의 지향점이다. 그렇기에 사회과학 학술 논문은 분석적 접근법을 취한다. 제기된 문제에 대해 답을 찾는 과정이 분석이라고 했을 때, 사회과학 학술 논문은 분석적 방법을 통해 문제 해결을 탐색한다.

3) 과학기술 학술 논문

과학기술 학술 논문은 과학적 방법을 중시한다. 과학적 방법은 과학적 지식에 도달하기 위해 수행하는 규칙, 수단, 과정을 지칭한다. 과학적 방법은 관찰, 실험 조사 등 경험을 중시하는 것과 통계, 측정을 중시하는 수학적 방법, 그리고 논리적 타당성을 중시하는 연역적 방법과 귀납적 방법 등이 있다.

과학기술 학술 논문은 다음과 같은 특징이 있다.

첫째, 과학적 데이터에 기반한 간결함과 정확성을 추구한다. 자연과학과 공학 학술 논문은 전문화된 지식을 다루기에 전문용어를 간결하고 정확하게 구사해야 한다.

둘째, 과학기술 학술 논문은 자연과 물질세계에 대한 객관적 기술을 중시한다. 과학적 데이터를 통해 주관적 감정의 개입을 배제하고, 과학적 방법론에 입각한 객관적 태도로 검증된 논리와 확실한 증거에 기반해 글을 작성한다.

셋째, 과학기술 논문은 수식, 도표, 그래프, 그림 등과 같은 기호를 적절히 활용한다. 과학기술 학술 논문은 실험자료나 증거가 중요하다. 그래서 학문적 주장의 근거를 수치로 표현하는 기호를 활용한다. 도표나 그래프, 그림 등의 기호를 통해 증거를 객관화하고 설득력 있는 정보 전달을 지향한다.

이렇듯 일반적 수준에서 인문학 학술 논문과 사회과학 학술 논문, 과학기술 학술 논문을 구분할 수 있다.

2장

학술 논문의 실제

논문은 저자의 정보·지식·견해, 주장을 학문적으로 표현한 글이다. 논문은 저자의 정보와 지식을 단순히 정리하고 전달하는 데 그치지 않고, 저자의 정보와 지식을 바탕으로 저자의 비판적 논평과 생산적 논의를 반드시 제시해야 한다. 또한 논문의 정보와 지식은 정확한 근거에 바탕을 두어야 하고, 논문의 견해와 주장은 합리적 방법과 논리적 절차를 따라야 한다. 그리고 무엇보다 논문은 궁극적으로 학문 발전에 이바지해야 한다.

논문이 학문 발전에 이바지해야 한다는 말은 논문이 독창성을 지녀야 한다는 말과 같다. 이러한 논문의 독창성은 적어도 다음 네 가지 중 하나를 충족할 때 확보될 수 있다. ① 새로운 연구 주제의 선택, ② 새로운 연구 자료의 발견, ③ 새로운 연구 방법의 적용, ④ 새로운 연구 결과의 도출이 그것이다. 이 네 가지 요건 중 두 개 이상을 충족할 때, 그 논문은 논문으로서 최소한의 가치를 갖는다. 이와 함께 논문의 용어와 개념은 정확하고 분명해야 하고, 논문의 사실과 증거는 객관적이고 합리적이어야 하며, 논문의 체제와 양식은 각 분과 학문의 체제와 양식을 지켜야 한다.

논문은 크게 학위 논문과 일반 학술 논문으로 나뉜다. 학위 논문은 대학 또는 대학원에서 학위 취득을 위하여 작성하는 논문을 일컫고, 일반 학술 논문은 연구자가 학술지에 발표하는 논문을 일컫는다.

학위 논문의 구성은 일반적으로 다음과 같은 순서를 따른다.

표지 – 인준지 – 목차(차례) – 국문 초록 – 서론 – 본론 – 결론 – 참고문헌 – (별첨 자료 및 색인) – 영문 초록

일반 학술 논문의 구성은 일반적으로 다음과 같은 순서를 따른다.

제목 – 저자 – 목차(차례) – (국문 초론) – 서론 – 본론 – 결론 – 참고문헌 – 영문 초록

1. 학술 논문의 조건

학술 논문은 대학 제도와 밀접한 관련을 맺고 있다. 논문은 '학문의 언어'이다. 논문은 학문이 생산·유통·소비되는 과정의 핵심에 위치할 뿐만 아니라, 대학 학위 과정의 최종적 인준 절차의 마지막 단계에 위치한다. 직업으로서 학문을 선택한 연구자는 지식의 생산에 이바지할 의무를 가지며, 그 의무의 거의 대부분은 논문 쓰기로 이루어지기 마련이다. 따라서 대학 학부

과정의 학생들은 학문의 언어인 논문의 내용적·형식적·윤리적 조건을 정확히 이해할 수 있어야 한다.

1) 내용적 조건

학술 논문은 자신의 개인적 느낌·생각·견해를 단순히 서술하는 것이 아니라 자신의 학술적 주장을 다른 연구자의 연구 성과를 비판적으로 활용하여 정당화해야 한다. 다시 말해, 자신의 학술적 주장의 정당성을 논리적으로 증명해야 한다. 이러한 의미에서 학술 논문은 학술적 문제의식에 입각해 특정 주제에 대해 문제를 제기하고, 이렇게 제기된 문제를 학술적으로 논증하는 글이라 할 수 있다.

2) 형식적 조건

여타의 글들과 달리 학술 논문은 엄격한 형식적 조건을 요구한다. 이는 논문의 체계성을 보다 분명하고 선명하게 드러내기 위함이다. 각 학문 분야별로 약간의 차이가 있지만, 대부분의 논문은 '제목 - 목차(차례) - 서론 - 본론 - 결론 - 참고문헌 - 영문 초록'의 순서를 따른다. 흔히 "내용이 중요하지 형식은 중요하지 않다."고 하지만, 학술 논문의 경우에는 내용만큼 형식도 매우 중요하다.

3) 윤리적 조건

Charles Lipson은 『정직한 글쓰기』에서 학문적 정직성을 지키기 위한 세 가지 원칙을 제시한다. ① 자신의 이름으로 제출하거나 발표하는 모든 연구 실적은 실제로 자신이 연구한 것이어야 한다. ② 다른 연구자의 연구 실적을 인용하거나 참고했을 때에는 반드시 그 출처를 밝혀야 한다. ③ 연구 자료는 정확하고 정직하게 제시해야 한다. 사실 이 세 가지 원칙은 누구나 쉽게 지킬 수 있는 원칙이다. 하지만 이 쉬운 원칙이 계속해서 강조되는 이유는 그 쉬운 원칙이 잘 지켜지지 않기 때문이다. 모든 학술 논문의 기본 원칙은 어디까지가 다른 연구자의 견해이고 어디까지가 자신의 독자적인 견해인지를 분명하게 분리해서 서술하는 것이다. 이 기본 원칙만 잘 지켜도 다른 사람의 글이나 생각을 무단으로 훔치는 표절을 피할 수 있다.

2. 논문 작성 절차와 방법

모든 글쓰기와 마찬가지로 좋은 논문을 쓰기 위해서는 체계적인 구성 작업이 필수적이다. 좋은 논문은 목차만 봐도 한눈에 논문 전체의 논리를 파악할 수 있는 것과 같은 이치다. 구성이 체계적으로 작성되면 논문의 방향과 목적이 분명하게 드러난다. 이처럼 좋은 구성은 좋은 논문을 쓰기 위한 필수 조건이라 할 수 있다.

좋은 논문을 쓰기 위해서는, 우선 자신이 '쓰고 싶은 논문'과 자신이 '쓸 수 있는 논문'을 명확하게 구분해야 한다. 다시 말해 자신의 관심과 역량이 어느 정도인지 제대로 파악해야 한다는 뜻이다. 그렇기 때문에 자신의 관심을 반영하되 자신의 역량을 고려하여 신중하게 주제를 선택해야 한다.

자신에게 주어진(혹은 자신이 선택한) 연구 과제의 핵심을 정확하게 반영하여 논문의 '주제'를 설정하고, 이를 뒷받침할 수 있는 다양한 '자료'를 찾는 일에서 논문 작성은 시작된다. 논문 작성에 필요한 자료를 충분하게 확보하면, 자료의 내용을 충분히 '분석 · 정리'한 후 논문의 '개요'를 작성하는 단계로 넘어간다. 이때 개요가 촘촘하고 꼼꼼할수록 논문의 완성도가 높아질 수 있다는 점을 명심해야 한다. 이러한 과정을 거쳐 개요를 완성하면, 이를 토대로 논문 '초고'를 작성하게 된다. 진정한 논문 쓰기는 작성한 '초고'를 여러 차례에 걸쳐 수정하고 보완하는 '고쳐쓰기' 과정을 거쳤을 때 비로소 완성된다. 이렇게 초고의 형식과 내용에 대한 수정·보완 작업이 끝나면 실질적인 논문 작성은 끝나는 셈이다. 마지막으로 논문을 작성하는 과정에서 참고하거나 인용한 자료와 문헌을 정리해서 덧붙이면 한 편의 논문 쓰기가 완성된다.

1) 주제 설정

움베르토 에코가 제시한 과제 선택의 네 가지 규칙은 ① 주제가 지원자의 관심에 상응할 것, ② 준거로 할 출전들이 입수 가능한 것일 것, ③ 준거로 할 출전들이 쉽게 다룰 수 있는 것일 것, ④ 연구의 방법론적 범주가 지원자의 경험 영역에 해당할 것이다. 이 네 가지 규칙은 하나의 간단한 법칙으로 요약할 수 있는데, "논문을 작성하고자 하는 사람은 자기의 능력으로 가능한 논문을 작성해야 한다."라는 것이다.

이처럼 논문의 주제는 연구자가 잘 알고 있거나 관심을 가지고 있는 대상을 자신의 능력을 고려해서 신중하게 선택해야 한다. 예를 들어, 학부 졸업 논문의 주제를 '한국 문학의 특수성 연구' 혹은 '김수영 시 연구' 등으로 설정한다면, 이는 너무 큰 주제를 설정한 것이다. 다시 말해, 자신이 감당하고 해결할 수 있는 범위를 넘어선 주제를 선택했다는 뜻이다. 이를 해결할 수 있는 가장 좋은 방법은 주제의 범위를 자신의 역량에 맞게 한정하는 것이다. 예를 들어, '한국 문학의 특수성 연구'가 아니라 '1980년대 민중시에 나타난 한국 문학의 특수성 연구' 또는 '김수영 시 연구'가 아니라 "김수영 초기 시에 나타난 '본다는 것'의 의미 연구" 등으로 주제를 한정하는 것이 좋다.

좋은 주제를 설정하는 작업은 논문의 주제가 논문 전체의 논리적 일관성과 통일성 그리고 체계성을 구성하는 핵심 요소이므로 매우 중요하다. 논문은 자신이 설정한 주제를 자료와 증거를 제시하여 학술적으로 논증하는 과정이기 때문이다. 이러한 의미에서 연구 대상과 연구 범위 그리고 연구 방법을 종합적으로 고려해 설정한 주제는 좋은 논문 작성의 출발점이라 할 수 있다.

2) 자료 수집과 정리

주제가 확정되면 자료를 수집하고 분석하여 정리하는 작업을 수행해야 한다. 이렇게 정리된 자료들은 논문 작성 시 기존의 연구 성과를 확인하고, 자신의 논지를 뒷받침하는 근거로 활용되기 때문이다.

자료를 수집할 때는 주제와의 관련성에 초점을 둔다. 그리고 수집한 자료의 가치와 위상은 주제와의 관련 정도에 따라 달라진다. 흔히 1차 자료라 불리는 자료는 해당 주제와 직접적인 관련을 갖는 자료를 가리킨다. '김수영 시 연구'라면 당연히 김수영이 발표한 시를 발표 연대별로 모두 수집해야 한다. 물론 이때 1차 자료 중에서도 흔히 '원본 확정' 작업이 필요할 수 있다. 예를 들어, 발표 연대별로 시가 다르다면, 둘 중에 어떤 시를 원본으로 확정할 것인가를 연구자가 결정해야 한다.

흔히 2차 자료라 불리는 자료는 대체로 해당 주제를 연구한 선행 연구들을 가리킨다. 해당 주제를 연구한 주요 선행 연구들을 수집하고 분석하여 정리하는 작업을 수행하는 것이 바람직하다. 그래야만 기존 연구가 도출한 성과를 바탕으로 자신의 연구 성과를 도출할 수 있기 때문이다.

자료 수집과 분석 작업이 완료되면, 참고할 만한 의미를 담고 있는 주요 내용을 노트와 카드에 일목요연하게 정리하는 작업이 필요하다. 이러한 정리 작업은 저자, 제목, 출판 사항 등만을 단순히 확인하는 수준을 넘어, 각 자료의 핵심 논지와 자신의 분석과 해석 그리고 논평을 논문 집필 과정에서 활용할 수 있도록 체계화해야 한다.

3) 내용 구성과 서술 방법

자료에 대한 수집과 분석 그리고 정리가 끝나면, 주제를 내용과 형식 양 측면에서 분명하고 정확하게 드러낼 수 있는 구성 작업에 착수한다. 이때 가장 일반적으로 선택하는 구성 방법이 '3단 구성 형식'이다. 이 '3단 구성 형식'을 기본으로, 본문에서 집중적으로 논증할 소주제를 설정하여 본론을 세부적으로 나눌 수도 있다. 예를 들어, 논증해야 할 소주제가 두 개라면, 본문을 두 개의 장으로 나누고, 논증해야 할 소주제가 세 개라면, 본문을 세 개의 장으로 나눈다.

다음은 본문을 두 개의 장으로 설정한 논문의 목차이다.

예시

1. 서론
2. 우리와 그들, 무리 짓기의 착각을 넘어서: 「로니를 찾아서」의 경우
3. 이주 노동자, 적대에서 환대로: 「반두비」의 경우
4. 결론

그리고 다음은 본문을 세 개의 장으로 설정한 논문의 목차이다.

예시

Ⅰ. 서론

Ⅱ. 현대시 연구는 대중화될 수 있는가

Ⅲ. 학교는 시를 어떻게 가르치는가

Ⅳ. 대중은 시를 어떻게 욕망하는가

Ⅴ. 결론

이러한 기본 3단 구성의 논문 구성 방법은 다음과 같다.

(1) 서론(도입부)

서론(도입부) 부분에서는 논문이 다룰 문제를 제기하여 연구 목적을 명확하게 밝힌다. 이 과정에서 기존 연구 성과를 비판적으로 소개함으로써 자신의 연구 가치를 분명하게 기술할 필요가 있다. 그리고 마지막으로 연구 범위와 방법 그리고 의의 등을 간략하게 기술한다.

(2) 본론

본론 부분에서는 각 장의 핵심 논의를 제시하고 논증한 후 소결론을 내려 준다. 논의 전개 과정에서 기존의 연구 성과와 자신의 독자적이고 독창적인 견해와 주장이 분명하게 구별되고 드러날 수 있도록 논지를 전개해야 한다. 특히 이 본론 부분에서 자신의 연구 역량이 드러난다.

(3) 결론(마무리)

결론(마무리) 부분에서는 본론의 핵심 논의를 요약하고, 이에 의거한 판단과 결론을 제시한다. 이때 결론이란 서론에서 제기된 문제를 본론에서 해결하여 최종적으로 답변하는 형식이라 할 수 있다. 결론은 주제의 성격에 따라, 각각 기존 연구와 차이를 밝히는 것이 될 수도 있고, 문제의 해결책을 제시할 수도 있고, 기존의 연구 성과를 비판적으로 고찰하면서 얻어 낸 새로운 이해가 될 수도 있다. 결론을 제시한 후에는 자신의 연구가 가지는 한계를 밝히고 앞으로 어떤 연구가 필요한지를 제시한다.

3. 인용과 주석 달기

학술 논문 작성 시 다른 사람의 말과 글 가운데서 필요한 부분을 자주 빌려오는 것을 두고 인용이라 부른다. 인용의 목적은 ① 자신의 주장을 뒷받침하거나 강화하고, ② 다른 이의 생각에 대한 비판적 논의와 해석을 이끌어 내며, ③ 공통되거나 상반되는 견해를 통해 논의를 풍부하게 하는 데 있다. 보고서나 논문 작성 시 인용을 할 경우에는 다음과 같은 원칙을 항상 떠올릴 필요가 있다.

- 논문을 작성할 때 자신의 독창적인 주장과 인용할 부분을 명확히 구분하여 서술해야 한다.
- 인용은 자신이 직접 읽고 이해할 자료들을 대상으로 한다.
- 이 과정에서 인용할 자료들을 오독하거나 왜곡하지 않도록 주의한다.
- 자신이 인용하고자 하는 자료를 다른 사람의 글에서 인용할 경우에는 재인용임을 밝힌다.
- 꼭 필요한 경우에만 행한다.

- 다른 사람들의 주장과 견해를 존중하는 태도를 가진다.
- 인용한 자료에 대해서는 출처를 정확하게 제시한다.
- 항상 검증된 권위 있는 자료를 이용한다.
- 인용한 자료와 자신의 주장과 판단은 분명한 관련성이 있어야 한다.

인용에는 직접 인용과 간접 인용의 형식으로 나뉜다. '직접 인용'은 인용 부호를 사용하여 다른 사람의 생각을 '있는 그대로' 빌려오는 형식이다. 직접 인용을 하는 경우는 직접 인용의 형식이 아니면 내용을 오해할 수 있거나, 원저자의 의도와 뉘앙스를 그대로 살릴 필요가 있을 때이다. 직접 인용 시 서너 줄 미만의 짧은 인용은 직접 인용 부호(" ")를 붙여 본문 속에 포함시키고, 많은 내용을 가져올 경우에는 본문과 분리하여 위아래를 한 줄 띄워 인용 부호 없이 쓰며 글자 크기를 줄여 쉽게 구분할 수 있도록 한다. '간접 인용'은 원저자가 기술한 내용을 자신의 문장으로 바꾸어 빌려오는 형식으로서 많은 내용을 압축한 '요약적 인용'과 표현을 바꾼 '윤문적 인용'의 형태로 구분된다.

인용의 방법

① 직접 인용: 다른 사람의 글을 글자 그대로 인용하는 경우

- 원문 표현 자체가 중요할 때 사용
- 1차 자료를 인용하는 경우에 사용
- 인용문으로 따로 처리하는 경우
- 큰 따옴표로 본문에서 처리하는 경우

② 간접 인용: 다른 사람의 글을 요약하여 인용하는 경우

- 직접인용과 달리 글 전체의 통일성과 일관성을 유지할 수 있다는 장점이 있다.
- 직접인용이든 간접인용이든 인용할 글의 서지상은 분명하고 정확하게 밝혀야 한다.

인용문이 세 줄 이상이면 본문과 구분하여 아래와 같이 반드시 인용문으로 처리한다.

예 시 - **직접인용: 인용문으로 인용한 경우**

무엇보다도 남미지역은 물론 중남미 전역을 통틀어서 처음으로 동인 모임을 갖고 한글 문예동인지가 발행되기 시작한 것은 1986년에 상파울루에서 창간된 『열대문화(Culture Tropical)』부터이다. (중략) 『열대문화』의 창간사를 살펴보면, 브라질 한인들이 어떤 태도와 정신으로 하나의 작품을 썼는지 알 수 있다. 동시에 이 창간사는 브라질 한인문학의 정체성을 제시해주는 중요한 지표가 된다.

> 브라질 사회에 한국이민이 뿌리를 내린 지도 20년의 역사를 가지게 되었다. 처음에는 모두 허리띠를 졸라매고 밤을 지새워 가며 고생했지만 이제는 그와 같은 극기와 근면의 보람으로 다소간의 안정기에 들어섰다는 실감마저 든다. (중략) 우리는 우리의 전통문화를 간직한 채 브라질이라는 낯선 사회에 우리의 나름대로 적응해야 하는 슬기로운 지혜를 얻어내야만 한다. 그래서 열대문화는 앞으로 서로 이질적인 문화를 배경으로 생성된 한국의 문화와 브라질문화 사이에서 서로 공감할 수 있고 서로 이해할 수 있는 가교(架橋)의 구실도 할 것이다. 우리 2세, 3세, 4세가 브라질 사회에 차츰차츰 동화하여 갈 때, 우리도 우리로서는 저들에게 아시아 대륙의 동북부, 조금만 한(韓)의 반도에 오천년이라는 풍상을 겪으면서도 면면이 고여 내려온 우리의 얼, 우리의 미풍양속, 우리의 전

통문화, 우리의 주체의식을 심어 주고 싶다.[1)]

윗글에 의하면, 『열대문화』를 창간한 직접적인 취지는 한인들이 자신들의 정체성을 찾고 자신들의 조국인 고유한 전통문화를 보존하여 그들의 후손들에게 그것을 심어 주고자 하는 의도에서 비롯되었다. 조국을 떠나 천만 리 이역 땅에서 디아스포라(diaspora)의 간고한 삶을 살아가고 있지만, 자신들의 전통문화를 간직하면서 브라질의 낯선 문화와 그 간극을 좁히려는 한인들의 노력의 소산으로 『열대문화』는 창간되었던 것이다.

김낙현·이명재, 「재브라질 한민문학의 형성과 성향」, 『우리문학연구』 제47집, 우리문학회, 2015, 197~198쪽.

1) 열대문화동인회, 『열대문화』 창간호, 1986년 12월, 4쪽.

인용문이 세 줄 이내이면 큰따옴표로 본문 내에서 인용한다.

예 시 - **직접인용: 큰따옴표로 인용한 경우**

브라질 한인들의 대표적인 문화지 형태의 종합문예지인 『열대문화』의 창간사에서 한인들이 스스로 고백하고 있듯이 그들은 살아남기 위해 "처음에는 모두 허리띠를 졸라매고 밤을 지새워 가며 고생했던 것"[2)]이다. 이후 어느 정도 삶의 안정기에 접어들면서 문학을 시작했던 한인들은 자연스럽게 자신들의 지난했던 과거의 삶을 되돌아보면서 유랑과 망향 의식을 토로하기에 이른다.

김낙현·이명재, 「재브라질 한민문학의 형성과 성향」, 『우리문학연구』 제47집, 우리문학회, 2015, 200쪽.

2) 열대문화동인회, 『열대문화』 창간호, 1986년 12월, 4쪽.

예 시 - **간접인용**

필자가 현재까지 요약과 논평 쓰기에 대한 강의와 실습을 통하여 얻은 첨삭(添削) 지도에 대한 결론은 다음과 같다. (중략) 따라서 교수자는 첨삭의 우선순위를 정해서 지도해야 첨삭 지도의 효과가 더 창출될 수 있다. 너무 많은 것에 대하여 첨삭 지도를 하게 되면 맞춤법이나 어휘 등의 오류 중심으로 흘러 역효과를 가져올 수 있다. '문법적인 규칙과 표현 규칙을 지나치게 강조하는 것은 글의 효율적인 생산을 방해하며, 학습자들로 하여금 글쓰기가 어렵다는 생각을 갖게 하여 글쓰기의 효과적인 학습을 방해한다'[1]는 사실에 주목할 필요가 있다. 이와 같은 사실을 종합해볼 때 첨삭 지도 할 순위 안배는 무엇보다도 중요하다고 하겠다. 결론적으로 첨삭 지도의 순위는 ① 글의 논지 전개와 구성, ② 핵심 사항에 대한 사고력(독창성과 창의성), ③ 문장이나 어휘 등의 순이라 할 수 있다. (중략)

앞서 살펴본 대로 서면첨삭지도는 상당히 많은 교수자의 시간과 노력을 필요로 한다. 특히 적절한 수강생의 인원이 확보되지 않는다면 심각한 문제를 초래하기도 한다. 일부 개선되었다고는 하나, 서남수의 지적대로 우리나라 대학 교양 교육의 가장 큰 문제점 중 하나는 여전히 강좌당 수강생이 너무 많다[2]는 것이다. 따라서 교수자와 학습자의 원활한 질의와 응답 및 토의가 가능하다는 장점을 지닌 대면 첨삭 지도는 시간과 공간의 제약이 많고 지나치게 많은 시간을 필요로 하기 때문에 실효성 면에서 의문이 든다. (중략) 따라서 필자가 지금까지 글쓰기를 강의하면서 얻은 결론은 서면 첨삭 지도 방법이 가장 효과적이라는 것이다. 수강생의 과밀화에도 불구하고 서면 첨삭 지도 방법은 가장 현실적이고 이상적이었다.

서면 첨삭은 교수자의 과도한 노동을 요구하지만, 학습자 한 개인에게 정확히 들어맞는 첨삭을 한다는 점에서 공개 첨삭의 단점을 극복할 수 있고 그 실효성이 꽤 많았다. 또한 서면 첨삭은 현실적으로 불가능해 보이는 대면 첨삭의 장점을 살릴 수 있으며, 동료 첨삭의 취지에 어느 정도 부합하는 간접적인 효과도 기대해 볼 수 있다. 이와 같은 효과를 생산하기 위해서 필자는 다음과 같은 방법을 강구하여 활용하였다.

김낙현, 「대학 글쓰기 교육의 효과적인 첨삭지도 방법에 대한 고찰」, 『교양교육연구』 제6권 제2호, 한국교양교육학회, 2012, 338~339쪽.

1) 황성근, 「대학 글쓰기 교육의 효과적인 지도 방안」, 『작문연구』 창간호, 한국작문학회, 2005, 141쪽.

2) 서남수, 「한국 대학 교양교육의 구조적 난점과 과제」, 『교양교육』 제4권 제2호, 한국교양교육학회, 2010, 12쪽.

보고서와 논문 작성 시 유의할 사항 중 하나는 성실한 주석 작업이다. 주석 달기의 목적은 참고하거나 인용한 자료의 출처를 밝히거나, 본문 내용 중에서 중요한 부분에 대해 논의를 보충하고 부연 설명하기 위한 것이다. 이 기준에 따라 주석의 형태는 자료의 출처를 밝히기 위한 목적의 '참조주'와 본문 내용을 보충하기 위한 목적의 '내용주'로 나누어진다. 주석의 형식을 그 위치에 따라 분류하면 '본문주'와 '각주', '미주'로 구분된다. 주석은 출판하는 기관에 따라 다소 차이를 지니며 학문적 영역에 따라서도 다양한 형태를 지니고 있다. 이에 여기서는 가장 보편적이고 일반적으로 쓰는 방식을 기준으로 제시하고자 한다.

외각주

① 저서: 저자명, 『저서명』, 출판지명, 출판사명, 출판연도, 인용쪽.

➡ 일반적으로 한국어 저서는 겹낫표, 출판지명은 생략 가능, 서양어 저서는 이탤릭체, 출판소재지 표시

예 유목상, 『한국어의 문법구조』, 한국문화사, 2007, 130쪽.

Jeremage, S. (ed.), *Bilingual Education: Teaching English as a Second Language*, Cambridge: Cambridge University Press, 1980, p. 120.

② 논문: 필자명, 논문명, 게재지명과 권호수, 출간학회, 출판연도, 인용쪽수.

➡ 일반적으로 서양 논문의 경우 제목은 큰따옴표(" ")로 적고, 저널명(학술지명)은 이탤릭체로 표기

예 성환갑, 「字順 倒置 漢字語 硏究」, 『어문연구』 제33권 제1호, 한국어문회, 2005, 9~11쪽.

Davis, B., & Harre, R., "Positioning: The discursive production of selves", *Journal for the Theory of Social Behavior* 20(1), 1990, pp. 43~63.

③ 약식부호

- Ibid(상게서, 상게논문, 위의 책, 위의 글): 바로 위 주석에서 소개했을 경우
- Op.cit.(전게서, 전게논문, 앞의 책, 앞의 글): 바로 위가 아니라 그 앞에서 인용했을 경우
- Loc.cit.: 한 번 인용한 것을 완전히 반복해서 인용할 경우(실제로는 잘 안 쓰임)
- p.: 페이지 숫자(여러 쪽의 경우 'pp. 시작 페이지 숫자~끝 페이지 숫자'로 표시)
- vol.(권), ed.(판), tab.(표), tav.(도표), n°(번호) 등

예 시 - **외각주**

한국문학사 100년은 근대 혹은 근대성을 둘러싼 다양한 담론과 실천의 격전장이었다. 그 격전이 근대의 '추구'로 드러나든지, 혹은 근대의 '부정'으로 나타나든지, 아니면 근대의 '극복'으로 표현되든지, 근대 혹은 근대성 문제는 과거에도 그리고 현재에도 한국문학의 항구적인 과제이자 숙명이라 할 수 있다.[1]

류찬열, 『현대시인 연구』, 제이앤씨, 2007.

1) 류찬열, 『현대시인 연구』, 제이앤씨, 2007, 21쪽.

내각주

① 원문(저자명, 발행 연도: 쪽수)

② 원문 중 저자 이름(발행 연도: 쪽수)

예 류찬열(2007:21)에 따르면……

예시 - **내각주**

류찬열(2007:21)에 따르면 한국문학사 100년은 근대 혹은 근대성을 둘러싼 다양한 담론과 실천의 격전장이었다. 그 격전이 근대의 '추구'로 드러나든지, 혹은 근대의 '부정'으로 나타나든지, 아니면 근대의 '극복'으로 표현되든지, 근대 혹은 근대성 문제는 과거에도 그리고 현재에도 한국문학의 항구적인 과제이자 숙명이라 할 수 있다.

류찬열, 『현대시인 연구』, 제이앤씨, 2007.

4. 참고문헌

참고문헌은 논문이나 책의 내용을 작성하는 데 있어서 인용하거나 참고한 문헌을 모두 기록하여 글을 읽는 사람들이 더 깊이 있게 내용을 참고할 수 있도록 돕도록 제시하여 주는 것이다. 그뿐만 아니라 자신이 인용한 글의 출처를 정확히 밝혀 주는 역할도 한다. 그렇기 때문에 참고문헌에는 본문에 참조하지 않은 것은 기록해서는 안 되며, 반대로 본문에 참조한 모든 문헌은 반드시 참고문헌에 제시해 주어야 한다. 참고문헌은 주석과 함께 출판하는 기관에 따라 다소 차이를 지니며 학문적 영역에 따라서도 다양한 형태를 지니고 있다. 이에 여기서는 가장 보편적이고 일반적인 기준을 바탕으로 제시하고자 한다.

참고문헌 작성 방법

- 필자가 자기 논문에 인용했거나 참조한 것들만 적는 것이 원칙
- 외각주 형식과 유사하나, 각주번호, 인용쪽수를 쓰지 않으며, 약식 기호도 사용하지 않는다.

① 저서: 저자명, 저서명, 출판사명, 출판 연도.

예 유목상, 『국어의 문법구조』, 한국문화사, 2007.

② 논문: 필자명, 논문명, 게재지명, 권호수, 출판연도.

예 성환갑, 「字順 倒置 漢字語 硏究」, 『어문연구』 제33권 제1호, 한국어문회, 2005.

③ 학위논문: 필자명, 논문명, 학위 수여 기관과 학위 종류, 연도.

예 이유미, 「은유의 언어 문화적 특성 연구」, 중앙대학교 석사학위논문, 2001.

④ 번역서: 원저자명, 역자명, 저서명, 출판지: 판수; 출판사, 출판연도.

예 빌 브라이슨, 이덕환 옮김, 『거의 모든 것의 역사』, 서울: 재판; 까치, 2014.

⑤ 배열 방식

- 국한문 문헌을 먼저 쓰고, 서양어 자료(서양문헌)를 나중에 쓴다.
- 국한문 문헌은 필자 성명의 한글 자모 순서로, 서양어 자료는 성의 알파벳 순서로 수록한다.
- 한 필자의 문헌이 여러 개일 경우에 출간 연도순으로 배열한다(단독 집필 문헌을 출간 연도순으로 배열한 후, 공동 집필 문헌을 배열).

이상과 같이 가장 보편적이고 일반적인 각주와 참고문헌 작성 방식을 알아보았다. 각주와 참고문헌을 정확하게 밝히는 작업이 다소 번거로울 수 있으나, 이를 잘 지키는 것은 글의 정직성을 보여주는 것일 뿐 아니라 글의 신뢰도를 높이는 것이기도 하다. 그러므로 각주와 참고문헌 작성 방법을 잘 숙지하여 정직하고 정확한 글을 쓰도록 노력해야 할 것이다.

활동 문제

1. 본인이 관심 있는 주제를 선택해서 학술 논문의 표지와 목차를 개인별로 작성해 보자.

2. 〈보기〉의 정보를 활용하여 다음 글의 각주 1)을 완성해 보자.

〈보기〉

- 지은이: 정상진
- 책제목: 아무르 만에서 부르는 백조의 노래
- 인용한 곳: 207쪽
- 출판사: 지식산업사
- 출판지: 서울
- 판수: 재판

고려인문학은 1863년을 전후해 조선의 폭정과 궁핍, 일제의 억압과 수탈로 인해 연해주로 이주를 했던 유랑민들이나 그들의 후손에 의해서 형성되었다. 그리고 여기에 3·1운동 실패 후 연해주로 망명해온 수많은 독립지사와 1928년 소련으로 망명한 카프의 작가였던 포석 조명희 같은 문인 등에 의해서 한층 더 발전할 수 있는 계기가 마련되었다. 당시 연해주에서 태어나 성장했던 고려문인 정상진의 술회대로, "99%가 빈천자"였을 정도로 연해주 고려인들은 조선에서 쫓겨나듯이 이주했던 유랑민이나 다름없었다.[1)]

---

1) ______________________________

연습 문제

〈보기〉의 키워드 중 하나를 선택한 뒤, 작성 절차에 따라 학술 논문 작성법을 훈련해 보자.

〈보기〉

키워드

안락사, 생명 복제, 디지털 문명, 고령화 사회

작성 절차

1. 과제(주제) 확정(예 '안락사 허용 시의 문제점')
2. 자료 수집과 정리(도서관 등의 학술 DB 이용)
   ① 수집한 자료로 목록 만들기
   ② 자료 분석과 쟁점 정리
3. 학술 논문 내용 구성 개요
4. 본문 쓰기(1,500자)

부록

한국어 바로 쓰기

한글 맞춤법을 쉽게 이해하기 위한 방법

자주 틀리는 한글 맞춤법의 여덟 가지 유형

부록

한국어 바로 쓰기

1. 한글 맞춤법을 쉽게 이해하기 위한 방법

한글 맞춤법이 어렵게 느껴지는 이유는 무엇일까? 음소주의 표기 방식과 형태주의 표기 방식이 혼재하여 있기 때문이다. 그럼 음소주의 표기 방식과 형태주의 표기 방식은 무엇일까? 이에 대해 이해하면 한글 맞춤법이 한결 쉽게 느껴질 것이다.

1) 음소주의 표기

어떤 단어를 발음이 되는 대로 표기하는 것을 음소주의 표기라고 한다. 가령, 영어의 'love', 'sky', 'tree'에 해당하는 한국어를 떠올려 보자. 이들 단어들을 한국어로 읽으면 어떻게 읽게 되나? 아마, 각각을 [사랑], [하늘], [나무]로 읽게 될 것이다. 그리고 실제로 이들 단어는 '사랑', '하늘', '나무'라고 쓴다. 이처럼 발음과 표기가 일치하는 경우의 표기 방식을 음소주의 표기 방식이라고 한다. 즉, '발음=표기'의 관계가 성립되는 표기 방식이다.

2) 형태주의 표기

어떤 단어가 실제 발음과 달리 표기되는 것을 형태주의 표기라고 한다. 예를 들면, 'length', 'mankind', 'school'에 해당되는 한국어를 생각해 보자. 이 단어들을 한국어로 읽으면, 각각 [기리], [일류], [학꾜]로 읽게 된다. 하지만, 이 단어들의 표기는 '길이', '인류', '학교'이다. 이처럼 [기리]로 읽지만 '길이'로 표기하고, [일류]로 읽지만 '인류'로 표기하는 것, 그리고 [학꾜]로 발음되는 것을 '학교'로 표기하는 것을 형태주의 표기라고 한다. 즉, '발음≠표기'의 관계가 성립되는, 그렇기 때문에 어떤 표기가 어떤 발음으로 소리 나는지 설명하기 위해서는 음운현상이라는 수단을 활용해야 하는 표기 방식이다. 이런 단어들은 어떤 이유가 있기 때문에 발음되는 대로 쓰지 않고 발음과 다소 다르게 표기하는 것이다. 그렇다면 그 '어떤 이유'라는 것은 무엇일까? 이는 다음 절에서 살펴보자.

음운현상

소리와 소리가 이어서 날 때에 말소리가 바뀌는 현상이다. 중고등학교 문법 시간에 배운 비음화('빗물'의 발음은 [빈물]), 유음화('신라'의 발음은 [실라]), 경음화('학생'의 발음은 [학쌩]), 구개음화('해돋이'의 발음은 [해도지]) 등이 음운현상이다. 표기와 발음이 상이한 경우 이러한 음운현상으로 그 관계를 설명할 수 있다.

3) 음소주의 표기와 형태주의 표기의 관계

한글 맞춤법에서 이 두 가지 표기 방식은 어떤 관계일까? 우선, 기본은 음소주의 표기이다. 어떤 단어든지 소리 나는 대로 표기하는 것이 기본이다. 그러나 어떤 경우에는 소리 나는 대로 표기했을 때 그 단어의 의미 파악이 어려워지는 경우가 있다. 이때 형태주의 표기를 하게 된다.

의미 파악이 어려워진다는 것은 어떤 의미일까? '길이'를 예로 들어 보자. '길이'가 [기리]로 발음된다고 해서 '기리'라고 쓴다면 쓸 때는 편하다고 느껴지겠지만 그것을 읽을 때 이것이 '길다'와 관련된 말인지 쉽게 연상할 수 없게 된다. 이것을 '길이'로 썼을 때 비로소 이 단어가 '길다'와 관련된 말인지 쉽게 파악할 수 있다는 것이다. 이런 상황은 '길이'뿐만이 아니니다. '높이', '넓이' 등의 단어에서도 마찬가지이다. 생각해 보자. 이런 단어들을 '노피', '널비'처럼 썼다면? '높다', '넓다'와의 관련성 파악이 쉽지 않았을 것이다.

또한 한자어에서는 한자어를 구성하는 각 한자의 독음을 표기에 반영하기 위해서 형태주의 표기를 하게 되는 경우가 많다. [일류]로 소리 나는 '인류'를 보자. 이 단어는 사람이라는 의미의 '인(人)'과 무리라는 의미의 '류(類)'가 함께 사용되어서 만들어진 한자어이다. 이 한자들이 결합하여 다른 소리로 바뀌었다고 해서 표기까지 그에 맞춰서 한다면 각 한자의 의미를 파악하기 어렵게 된다. 가령, '일류'라고 표현했다면 여기서의 '일'은 어떤 의미인지 파악하기 어렵게 된다는 것이다. 하지만, 이를 '인류'라고 표기했을 때 '인간', '인체', '인력' 등의 단어들이 모두 '사람'과 관련이 있는 단어라는 것을 쉽게 파악할 수 있다. [학꾜]로 소리 나는 단어를 '학교'라고 표기하는 것, [실라]로 발음되는 단어를 '신라'라고 표기하는 것 모두 이러한 원리에 의한 것이다.

쉽게 정리해 보면, 형태주의 표기는 단어를 구성하는 형태소의 원래 형태를 밝혀 적어서 단어에서 해당 형태소의 의미를 쉽게 파악할 수 있게 한 것이다.

형태소

뜻을 가진 가장 작은 말의 단위이다. 예를 들면, '하늘나라'에서는 '하늘'과 '나라'가 각각 형태소이다. '먹었다'에서는 '먹-', '-었-', '-다'가 각각 형태소이다. 한자어의 경우 한자어를 구성하는 각각의 한자를 하나의 형태소로 파악할 수 있다. 가령, '인류(人類)'의 경우 '인(人)'과 '류(類)'가 각각 형태소가 된다.

그러나 어떤 경우는 형태주의 표기를 해야 할 것 같은데, 실제로는 음소주의 표기를 하는 경우도 있다. 이는 사람들이 막연히 짐작하는 어원이 실제로는 사실에 부합하지 않기 때문이다. 예를 들면, 우리는 '불이나케'라는 표기를 자주 하는데, 이는 틀린 표기이다. '부리나케'가 맞는 표기이다. 이는 얼핏 생각했을 때 '불이 나다'와 관련이 있을 것 같은 이 단어가 실제로는 그 관계가 명확히 규명되지 않았기 때문에 소리 나는 대로 '부리나케'를 표준어로 삼은 것이다.

2. 자주 틀리는 한글 맞춤법의 여덟 가지 유형

음소주의 표기와 형태주의 표기의 원리를 이해했다고 하더라도 어떤 단어들은 발음이 유사해서 한글 맞춤법에 맞는 표기를 하기 어려운 경우가 적지 않다. 예를 들면, 우리는 '카드 결제'라고 해야 할지 '카드 결재'라고 해야 할지 헷갈려한다. 우리가 듣기에는 [결재]와 [결제]가 구분되지 않기 때문이다. '웬일'인지 '왠일'인지 헷갈려하는 것도 마찬가지이다. 발음으로 [왠일]과 [웬일]을 구분할 수 없다. 이에 우리 교재는 발음의 유사성 때문에 헷갈리는 표기가 되어 버린, 그래서 많은 사람들이 자주 틀리는 맞춤법을 여덟 가지 유형, 60가지 문제로 제시한다.

1) 'ㅐ'와 'ㅔ'를 구분하기는 상당히 어렵다

'ㅐ'와 'ㅔ'는 과거에는 분명히 다른 소리의 발음이었으나 최근 한국어 화자들이 이 두 모음을 변별하지 않고 사용하게 되었다. 따라서 'ㅐ'와 'ㅔ'에 관련된 전통적인 표기를 발음으로 구분하는 것은 사실상 불가능해졌다. 이에 따라 어떤 경우에 'ㅐ'를 써야 할지, 어떤 경우에 'ㅔ'를 써야 할지 헷갈리는 경우가 매우 많다. 다음 문제들을 풀어 보자.

01. 씨앗은 (대개/대게) 이른 봄에 뿌린다.
02. (도대체/도데체) 그는 누구였을까?
03. 집에서 (김치찌개/김치찌게)를 끓이다.
04. (단언컨대/단언컨데) 이 글은 최고의 글이다.
05. 나는 (쓸때없는/쓸데없는) 생각은 하지 않는다.
06. 우리 글쓰기 (교재/교제)는 아주 좋다.
07. 가방을 (매고/메고) 수업을 들었다.
08. 그 사람은 그 일에 목을 (맨다/멘다).
09. 흐렸던 하늘이 (금새/금세) 맑아졌다.
10. 사람들이 나랑 아버지 얼굴 모양이 (똑같대/똑같데).
11. (배게/베개)가 높으면 건강에 안 좋다.

12. (요컨대/요컨데) 내 얘기는 열심히 공부하라는 거다.

13. 그는 늘 (생긴 대로/생긴 데로) 살아야 한다고 말했다.

14. 중요한 일도 아닌데 (개거품/게거품) 물지 마라.

15. 그 동네는 (텃새/텃세)가 심해서 적응하려면 시간이 필요하다.

16. 간편한 카드 (결재/결제) 시스템은 소비를 촉진하는 결과를 낳았다.

2) 'ㅙ', 'ㅞ', 'ㅚ'의 구분도 매우 어렵다

'ㅙ', 'ㅞ', 'ㅚ'도 최근의 한국어에서는 변별하기 어려운 소리가 되었다. 이에 따라 이러한 모음과 관련한 표기도 헷갈리는 경우가 많다. 그럼 다음 문장을 보고 한글 맞춤법에 맞는 적절한 표기를 골라 보자.

17. 그런 (괴변/궤변)을 늘어놓지 마라.

18. 자꾸 그러면 (안 되/안 돼).

19. 나는 (당췌/당최) 무슨 얘기인지 이해가 안 된다.

20. 학교는 신문사를 상대로 (명예회손/명예훼손)에 관한 소송을 냈다.

21. 내일 (뵈요/봬요).

22. 오늘은 (왠지/웬지) 커피를 마시고 싶다.

23. 신종 코로나 바이러스가 유행하는 기간에 공공장소는 어디든지 (횡했다/휑했다).

3) 그 외에도 모음 때문에 헷갈리는 경우가 있다

그 외에도 모음을 어떻게 쓰는 게 좋을지 헷갈리는 경우가 많다. 다음은 많이 틀리는 한글 맞춤법 문제이다.

24. 오늘에서야 (비로서/비로소) 일이 마무리가 되었다.

25. 나는 네가 (하던지 말던지/하든지 말든지) 신경 쓰지 않는다.

26. 그 사람은 (일부러/일부로) 그 사람을 찾아갔다.

27. 나는 돈을 (허투로/허투루) 쓰는 사람이 아니다.

28. 이번 여행은 (단촐하게/단출하게) 우리 식구끼리만 가자.

29. 이번에는 사람들의 의견이 모아지지 않아 계획이 (파토/파투)가 났다.

30. 모든 사람이 자신의 (역활/역할)에 충실하면 된다.

4) 부사에서 '이'를 써야 할지, '히'를 써야 할지도 어렵다

부사를 만드는 '이'와 '히'의 표기도 헷갈리는 사례다. 주로 '하다'를 붙일 수 있으면 '히', 그렇지 않으면 '이'를 쓰면 된다. 다만, 어근이 'ㅅ'으로 끝나는 경우, 반복되는 말이 사용된 명사 뒤에서는 '하다'를 붙일 수 있더라도 '이'를 쓴다. 이 규칙은 대부분의 사례를 만족시킨다. 그러나 일부는 이 규칙으로 설명되지 않는 사례도 있어 어려움이 크다. 따라서 우리는 위에서 제시한 원리를 기억하여 적용하되, 그것이 확실히 맞는지는 사전 검색을 통해 확인하는 습관을 들여야 한다. 사전을 자주 찾다 보면 자연스럽게 맞는 표기를 기억하게 될 것이다. 그럼 다음 문장을 보고 맞는 표기를 골라 보자.

31. 아침에 일어나 (깨끗이/깨끗히) 세수를 했다.

32. 그건 내가 (일일이/일일히) 관여할 일은 아니다.

33. 무슨 일이든 (틈틈이/틈틈히) 해 두면 좋다.

34. 그 사람은 자신의 일을 (꼼꼼이/꼼꼼히) 해내는 사람이다.

35. 이번 사건에 (깊숙이/깊숙히) 관여하지 마라.

5) 잘 안 들리는 'ㅎ'의 표기도 주의해야 한다

세계의 많은 언어에서 [h]는 아주 약한 소리이다. 영어의 'White House'도 [화이트하우스]와 [와이트하우스] 모두 가능한 것처럼, 한국어에서도 'ㅎ'은 환경에 따라 탈락되는 경우가 아주 많다. 그래서 'ㅎ'을 써야 하는 경우인데 'ㅎ'을 생략하고 표기하는 오류가 많이 발생한다. 또한, 이런 현상을 지나치게 의식해서 'ㅎ'이 없어야 하는 단어의 표기에 'ㅎ'을 불필요하게 넣는 오류도 있다. 다음에서 맞는 표기를 골라 보자.

36. 그는 (다열질적인/다혈질적인) 사람이다.
37. 그 사람은 (희안한/희한한) 습관이 있다.
38. (악천우/악천후)로 모든 공항이 폐쇄되었다.
39. 외래어를 남발하는 것은 (지양/지향)해야 한다.
40. 현충일은 (순국선열/순국선혈)의 넋을 기리는 날이다.

6) 자음의 연음도 주의가 필요하다

'먹이'는 [머기]로 발음되고, '삶이'는 [살미]로 발음된다. 어떤 받침 뒤에 자음이 오지 않고 모음으로 시작되는 경우 앞서 나타난 받침이 다음 글자의 초성으로 옮겨 가서 발음이 되는 것이다. 이를 연음 현상이라고 하는데, 이와 관련하여 헷갈리는 표기가 꽤 많다.

'이'에서 'ㅇ'은 소리가 없다. 초성, 중성, (종성)의 표기 체계를 맞추기 위해 'ㅇ'을 표기 수단으로 활용한 것뿐이다.

41. 나는 음악에는 (무뇌한/문외한)이다.

42. 이번 사건으로 (무리/물의)를 일으켜 죄송한 마음이다.

43. 전화를 받고 (부리나케/불이나케) 뛰쳐나갔다.

44. 돈을 다 써서 지금은 (빈털터리/빈털털이) 신세가 되었다.

45. 기도를 오래 해서 (무르팍/무릎팍)이 아프다.

46. 지금 (어따 대고/얻다 대고) 반말이야?

47. 그들의 관계는 (얽히고설켜서/얽히고섥혀서) 너무 복잡해졌다.

7) 경음의 표기도 헷갈리는 경우가 종종 있다

경음의 표기가 헷갈리는 이유는 경음에 관한 현상이 다양한 환경과 관련되기 때문이다. 여기서는 자주 틀리는 경음 표기 문제 몇 개를 풀어 보자.

한국어는 비슷한 위치에서 비슷한 방식으로 소리 나는 자음이 'ㄱ-ㄲ-ㅋ', 'ㄷ-ㄸ-ㅌ'처럼 하나의 묶음을 형성하는 경우가 많다. 여기서 'ㄱ', 'ㄷ'처럼 평범한 소리를 '평음', 'ㄲ', 'ㄸ'처럼 목이 긴장된 상태에서 발음되는 소리를 '경음', 그리고 'ㅋ', 'ㅌ'와 같이 목이 긴장된 상태에서 기식까지 동원되어 격렬하게 발음되는 소리를 '격음'이라고 한다.

48. 그 장면을 보고 (눈살/눈쌀)을 찌푸리지 않는 사람이 없었다.

49. 좋은 기회는 (덥석/덥썩) 잡아야 한다.

50. 자고 나면 눈에 (눈곱/눈꼽)이 끼는 경우가 있다.

51. 나는 이성을 만나면 (쑥스러워서/쑥쓰러워서) 눈을 마주치지 못한다.

52. 불쌍한 사람을 만나면 (안스러운/안쓰러운) 마음이 든다.

53. 탐관오리의 (등살/등쌀)에 백성들의 시름이 커져 갔다.

8) 표준어 선택도 한글 맞춤법에서 중요한 문제이다

한글 맞춤법은 표준어를 어떻게 표기해야 할지 정한 규칙이다. 따라서 기본적으로 어떤 단어가 표준어인지를 판단하는 일이 중요하다. 여기서는 학생들의 글쓰기에서 자주 나타나는 표준어 선택상의 오류를 문제로 제시한다.

54. 주변에서 언제 결혼하느냐고 물어 올 때가 가장 (곤욕스럽다/곤혹스럽다).
55. 이 사람은 (내노라하는/내로라하는) 건축가이다.
56. (몇 일/며칠) 동안 휴식을 취할 계획이다.
58. 그 사업은 (인건비/인권비)가 많이 든다.
59. 잠을 자고 (이튿날/이틑날) 아침에 출발했다.
60. 이 자리를 (빌려/빌어) 지금까지 도와주신 분들께 감사드린다.

우리 사회에서 지식인으로 성장하기 위해 대학이라는 공간에서 공부하는 여러분은 바른 표기를 활용하여 글쓰기를 할 수 있어야 한다. 앞서 언급한 음소주의 표기, 형태주의 표기의 원리를 기억하고 한글 맞춤법 규정을 배운다면 우리는 좀 더 효율적으로 바른 표기를 익힐 수 있을 것이다. 부록으로 제시된 이 지면에서 한글 맞춤법의 모든 것을 소개하기는 어렵다. 모쪼록 졸업하기 전에 한 번 정도는 스스로 한글 맞춤법을 배우는 기회를 가져 볼 것을 권한다. 도서관에 가면 한글 맞춤법 해설서가 상당히 다양하다는 것을 알 수 있다. 스스로 공부하기 어렵다면 '한국어 바로 알기' 등의 교양 강좌를 수강하는 것도 좋은 방법일 것이다.

참고
문헌

강준만, 「'개천에서 용 나는' 모델」, 『한겨레』, 2015. 3. 9.

교수신문, 「선량한 차별주의자, 세상에서 평등을 외치는 당신을 위한 안내서」, 『교수신문』, 2019. 7. 23.

김낙현, 「대학 글쓰기 교육의 효과적인 첨삭지도 방법에 대한 고찰」, 『교양교육연구』 제6권 제2호, 한국교양교육학회, 2012.

김낙현 · 이명재, 「재브라질 한인문학의 형성과 성향」, 『우리문학연구』 제47집, 우리문학회, 2015.

김동리, 「나의 이력서」, 『밥과 사랑과 그리고 영원』, 사사연출판사, 1985.

김성윤, 「다문화주의의 끝자락」, 『한겨레』, 2018. 11. 12.

김순영, 「대학언론의 소리 없는 아우성」, 『중대신문』, 2013. 11. 4.

김희연, 「'요즘옛날'을 산다는 것」, 『경향신문』, 2019. 5. 5.

류신, 「나는 두드린다 고로 존재한다」, 『중대신문』, 2012. 3. 25.

류찬열, 『현대시인 연구』, 제이앤씨, 2007.

류찬열, 「2000년대 한국영화에 나타난 이주노동자의 재현 양상 연구」, 『다문화콘텐츠연구』

제3호, 중앙대학교 문화콘텐츠기술연구원, 2010.
류찬열, 「현대시 연구의 대중화 방안 연구」, 『우리문학연구』 제35집, 우리문학회, 2012.
류찬열, 「내 지식과 인격과 품성의 8할, 글쓰기」, 『중대신문』, 2013. 5. 19.
박우성, 「〈기생충〉, 원시적 열정에 반대한다」, 『중앙선데이』, 중앙일보사, 2019. 6. 8.
박하성, 「우리 집을 못 찾겠군요」, 『중앙일보』, 2017. 6. 17.
법정, 『무소유』, 범우사, 2001.
사고와 표현 교재편찬위원회, 『사고와 표현 Ⅱ』, 조선대학교출판부, 2013.
사이먼 레이놀즈, 최성민 옮김, 『레트로 마니아』, 작업실유령, 2017.
서남수, 「한국 대학 교양교육의 구조적 난점과 과제」, 『교양교육』 제4권 제2호, 한국교양교육학회, 2010.
손혜숙 · 한승우, 「대학 글쓰기에서 '자기 서사 쓰기'의 교육방법 연구」, 『어문론집』 50집, 중앙어문학회, 2012. 6.
아르만도 페트루치, 「독서를 위한 독서: 독서의 미래」, 『역사를 읽는다는 것의 역사』(로제 샤르티에 · 굴리엘모 카발로 엮음, 이종삼 옮김), 한국출판마케팅연구소, 2011.
안네 프랑크, 홍경호 옮김, 『안네의 일기』, 문학사상사, 1995.
오창록, 「새로운 대학 축제를 상상하며」, 『대학원신문』, 2012. 6. 6.
오창은, 『절망의 인문학』, 이매진, 2013.
오창은, 「혐연의 시대, 흡연자는 어떻게 벌레가 되었나」, 『문화/과학』 제93호, 문화과학사, 2018.
움베르토 에코, 김운찬 옮김, 『논문 잘 쓰는 방법』, 열린책들, 2016.
이경수, 「쓸모가 아닌 다른 가치를 꿈꾸는 강의실」, 『중대신문』, 2013. 4. 7.
이동연, 「한 · 일 문화 내셔널리즘을 넘어서」, 『경향신문』, 2019. 8. 16.
이문재, 「우리는 왜 글을 써야 하는가」, 『녹색평론』, 2015년 9~10월호, 녹색평론사.
이병욱, 「쉿!」, 『중앙일보』, 2013. 9. 28.
이세영, 「잘 놀아야 하는 세상」, 『중대신문』, 2013. 6. 2.
이영경, 「우리가 빛의 속도로 갈 수 없다면」, 『경향신문』, 2019. 6. 21.
이정은 · 김나영, 『미치도록 맞히고 싶어 SNS 맞춤법』, 다봄, 2018.
이주행, 『한국어 어문 규범의 이해』, 보고사, 2005.

이훈범, 「교황의 목소리 다보스에 울리다. 고장 난 자본주의 시스템이 답할 차례」, 『중앙일보』, 2014. 1. 24.

정약용, 박석무 옮김, 『유배지에서 보낸 편지』, 창비, 2011.

조지 오웰, 이한중 옮김, 『나는 왜 쓰는가』, 한겨레출판, 2010.

한남대학교 탈메이지교양교육대학 교재개발(편찬)위원회, 『독서와 소통』, 한남대학교출판부(글누리), 2017.

한승동, 「한국의 그늘 '식민지 근대성 트라우마'」, 『한겨레』, 2017. 6. 29.

한승우, 「대학 글쓰기 교육에서 '저학년을 위한 자기소개서 쓰기' 수업 방안 고찰」, 『어문론집』 58집, 중앙어문학회, 2014. 6.

한승우, 「광고를 활용한 자기소개서 쓰기 교육도구 개발」, 『대학작문』 12호, 대한작문학회, 2015. 7.

황성근, 「대학 글쓰기 교육의 효과적인 지도 방안」, 『작문연구』 창간호, 한국작문학회, 2005.